关艳明 / 著

连泉山下的教育梦

吉林大学
出版社

图书在版编目（CIP）数据

连泉山下的教育梦 / 吴艳明著. —长春：吉林大学出版社，2018.4（2021.1重印）

ISBN 978-7-5692-2187-9

Ⅰ.①连… Ⅱ.①吴… Ⅲ.①小学教育－文集 Ⅳ.①G62-53

中国版本图书馆CIP数据核字(2018)第101887号

书　　名：连泉山下的教育梦
LIANQUAN SHAN XIA DE JIAOYU MENG

作　者：吴艳明　著
策划编辑：马宁徽
责任编辑：马宁徽
责任校对：柳　燕
装帧设计：刘　丹
出版发行：吉林大学出版社
社　　址：长春市人民大街4059号
邮政编码：130021
发行电话：0431-89580028/29/21
网　　址：http://www.jlup.com.cn
电子邮箱：jdcbs@jlu.edu.cn
印　刷：北京一鑫印务有限责任公司
开　本：880mm×1230mm　1/32
印　张：9.25
字　数：180千字
版　次：2018年4月　第1版
印　次：2021年1月第2次印刷
书　号：ISBN 978-7-5692-2187-9
定　价：38.00元

序言

　　时光荏苒，算起来，我在东辽教育这块沃土上已经耕耘二十二年了。二十二年来，对于我来说，教育不仅仅是我从事的职业，更是我为之奋斗的事业！我用青春和激情，智慧和汗水，执著和勤勉，演绎着自己的教育人生。工作之余，将自己从教二十余年对教育教学的探索与思考，成败与得失采撷下来，连缀成文，加以自我总结与反思，沉淀与磨砺。

　　曾经为这本集子想过好多个名字，但思来想去，觉得还是以"连泉山"为名最好。连泉山，那是一个春有百花秋有果，夏有香风冬有雪的好地方！我的学校——东辽县实验小学与连泉山相依相伴。二十载春秋，连泉山如一位深情的守望者，巍然而凝重，她不仅给了我清新的空气，美丽的风景，还给了我春的希望，秋的收获！她见证了我追逐教育梦想的成长历程，也塑造了我大山一样的性格——淳朴、善良、刚强、无私，还有包容和智慧。用"连泉山"作名，虽不够典雅，但具质朴。以示我——一个东辽教育人对大山、对东辽教育的一片赤诚和真情。

这本集子里有我对教育教学的个性化认识与探索，有对前沿课题的研究与实践、有鲜活生动的案例分析、也有原汁原味的随笔札记，虽笔法笨拙，缺乏一定的学术深度，但绝对是原生态的，表达了我对教育教学本质、真实、朴实的思考与追求，以及对教学实效和教学创新的探索和思考。这次收集整理，也是我对走过的教育之路的一次全面回顾和深刻反思，期待在总结中提升专业素养，寻找到自我更新的源泉，更加顺应终身教育的潮流，不断地自我完善，自我发展。因为，我常告诉自己："我们不能先行，但能做到先醒；我们不是哲人，但有自己的思考；我们不能扭转季节，但可以营造局部的春天。"

　　钟灵毓秀，连泉山春潮舞弄；二十春秋，教育初心依然如旧！青春正好，不负芳华。

　　本书能够结集出版，还要感谢东辽县实验小学领导的重视和支持，因为本人水平有限，本书难免存在不当之处，还请同仁批评指正。

　　　　　　　　　　　　　　　　　　　2018年元月

目录 Contents

教学研究篇

教学案例篇

随笔札记

教育教学探索篇

注重体验——给生命课堂一个"支点"

阿基米德曾经说过："给我一个支点，我就可以撬动整个地球。"可见找准支点的重要性。

生命课堂是以学生为主体，课堂为阵地，开展人与人之间的一种充满生命活力的思想、文化、情感交流活动。

"体验"在《现代汉语词典》里的解释是："通过实践来认识周围的事物；亲身经历。"在我国古代，一些大思想家、教育家就十分重视体验。孔子的"多闻择其善者而从之，多见而识之"，其中强调教学要引导学生多听、多看、多问，以亲身体验来获得直接经验。体验教育的理论渊源，可以追溯到卢梭、杜威等人的教育思想与观点之中。"以行求知，体验中学"，是卢梭自然主义教育思想的一个基本点；美国著名实用主义哲学家、教育家约翰·杜威"从做中学"理论是体验教育的最直接最重要的理论来源；中国著名教育家陶行知先生结合中国国情，提出了"生活即教育，在做中学"的思想，为体验教育在中国的实践探索书写了浓墨重彩的一笔。

体验是作文教学的"支点"。叶圣陶先生说："生活如源泉，文章如溪流，源泉丰盈而不枯竭，溪流自然活泼地昼夜不息。"没有体验，就不会有丰富的表象，就不会有情感的冲动、精神的觉醒和智慧的发现；没有体验，就不会有真情的流露、认知的开阔和独具匠心的棱角。所以在作文教学中，"体验"是一条引"源"入文的好途径，体验中认知，体验中丰富表象，体验中丰厚积累，体验中升华情感，学生作文必然水到渠成。作文教学从"体验"入手，是对学生生活的尊重，是对写作主体的尊重，是对学生生命的尊重。

体验是阅读教学的"支点"。读书需要读者将自己的心灵与文本对照，不能停留于别人的感动，要在发现别人的时候发现自己。语文课标强调"要珍视学生独特的感受、体验和理解"。没有体验，在阅读中就不会感悟和思考，不会与作者、文本产生共鸣，当然也就不会受到情感熏陶，不会获得思想启迪和享受审美乐趣。宋代朱熹强调读书学习时要"切己体察"，力求"从容乎句读文义之间，而体验乎操存践履之实，然后心静理明，渐见意味"，就是要求读书学习要身体力行。学生的体验往往是多元的，带着不同的成长印记，理应受到教师的尊重。阅读教学中，教师要善于激活学生的体验，让学生经验与文本发生内在的交流，生成带有个性色彩的情绪感受、价值判断，从而逐渐形成更深层次的体验，并作为一种活的知识整合进学生的认知结构中，成为学生知识和精神的一部分。

体验是快乐学习的"支点"。著名教师李吉林曾经说过："教育活动从更高境界来说，应该是童年生活的享受，让学生享受到人生最初阶段属于童年的欢乐。"在体验中学习，让学生的心灵走进文本、走进生活，在无拘无束的自然状态下欣赏、品味祖国语言文字带来的语言美、人文美、精神美……从而享受到学习语文的乐趣。

加达默尔说："如果某个东西不仅被经历过，而且它的经历存在还获得一种使自身具有继续存在意义的特征，那么这种东西就属于体验。"哲学界已经取得共识："21世纪是体验的时代"。新一轮的课程改革突出强调学生在教学过程中的体验，要求以知识为中心的教学转向注重学生体验的教学。体验已经成为语文课标中出现的"高频词"。体验不是一种单纯的认知活动，而是一种认知和情感全部参与的生命活动，以体验为"支点"的语文教学，必将是生命意义发生、创造和凝聚、润泽的过程。

注重体验　张弛有度

注重体验、张弛有度，一直是我努力追求的教学境界。

一、注重体验

（一）注重生活体验与阅读、写作的自然融合

通过链接生活，唤醒原始体验；创设情境，再现生活体验，引导学生从已有的生活经历和感受出发，让学生的体验与文本内容交汇、碰撞，使相对凝固和静态的文本在

学生内心深处中被融化、激活，从而使学生与文本产生共鸣，获得思想启迪，受到情感熏陶，享受审美乐趣。

作文教学中，关注学生的生活世界，了解学生的生活习惯，重视学生的生活经验，丰富学生的生活内容，通过开展各种体验活动，让学生开阔眼界，增长见识，活化情感，丰富表象，丰厚积累。鼓励学生写自己的亲身经历，抒发自己对自然、社会、人生的独特感受和真切体验。

（二）注重情感体验

通过对话，使学生的情感体验得到外化。引导学生与文本对话，走进作者的精神世界，让文本有温度；引导学生与学生之间对话，让学生思维有广度；引导学生与教师对话，让学生境界有高度；引导学生与自己对话，让学生思想有深度。

（三）尊重独特体验

在教学中，不以教师个人的分析、理解代替学生的语文实践。倡导学生对文本、对事物的自我解读；注重培养学生的批判意识和怀疑精神；鼓励学生对文本的质疑和对自我的超越；赞赏学生独特性和富有个性的理解和表达。但是，尊重不等于顺从，将尊重学生独特体验与价值取向有机结合起来，既发展学生的创新精神，又提高学生的品德修养、审美情趣。

二、张弛有度

在哲学中，"度"是质与量的统一；"度"是对事物从量变到质变的过程中的关系之把握。把握好"度"，就可以促进事物向正确质变的飞跃，控制不好就有可能促成其错误的质变。"度"就是最恰当，少一分则短，多一分则长。课堂教学的"度"从以下四个方面来把握。

（一）于无疑处激疑

读书贵有疑，"小疑则小进，大疑则大进。"有时候提出一个问题往往比解决一个问题更重要。课堂中不包办代替学生提问。用鼓励信任，给他们一个敢于提问的胆子。用和谐民主给学生一个勇于提问的场子；用尊重给学生留足提问的面子。留时间给学生提问的空子。问题可以不分大小，但是要有价值；问题可以不分多少，但是不能泛滥。这样的语文课堂，荡漾着智慧的涟漪，闪烁着源头活水的灵动之美。

（二）于无向处指向

"方向比努力更重要"。做学生学习的指路人，指引学生在学习的路上主动探索，及时调整方向，帮助学生到达知识的彼岸。鼓励学生自主学习，但不做旁观者，或因势利导，或雪中送炭，或锦上添花。尊重学生的主体地位，又不忘记自己是平等中的"首席"。倡导智慧共享，珍视学生独特的感悟和体验。这样的课堂是百思莫解后的豁然开朗，是穷途末路后的阳关大道，是山重水复后的柳暗花明。

（三）于无法处教法

我国古代就有"授人以鱼，不如授人以渔"的名教，著名教育家陶行知先生也说过："我以为好的先生不是教书，不是教学生，乃是教学生学。"既要做慷慨的教者，重视学生学法的指导，送给学生点石成金的指头。又要做吝啬的教者，决不轻易向学生施舍方法，待到学生欲罢不能之时悄然点拨，让学生有醍醐灌顶之感。教无定法，而贵在得法。每个学生都是完整的、独立的、独特的个体，因此，点拨的方法会因人而异，因时而异，顺势而变。课堂教学没有固定的模式，常教常新，孩子们常学常新。

（四）于无力处给力

子曰："知之者不如好之者，好之者不如乐之者。"课堂中，关注学生的状态，当学生学习动力不足时，善于激趣，燃起学生们求知的热情；给信心，为他们插上腾飞的翅膀；给机会，为他们搭建展示自我的舞台；给快乐，为他们开辟一方充满阳光的学习乐园；给帮助，为他们伸出最有力的臂膀；给温暖，为他们创造一个充满爱的课堂。

注重体验、张弛有度的课堂必定会成为让生命灵动的魅力课堂。

让文本灵动　将生命润泽

生命是教育的原点和归宿，关注生命是教育者的天职。泰戈尔说："教育的目的是向人类传递生命的气息。"作为语文课堂教学的载体——文本，就是向学生传递生命气息最重要的工具之一，那么，语文教师应该如何让文本成为灵动清冽的"源头活水"，润泽生命呢？

一、把文本读"活"

歌德说："经验丰富的人读书时用两只眼睛，一只眼睛看到纸面上的话，另一只眼睛看到纸的背面。"所以我常常给孩子们提供想象、联想、创造的空间，例如：在教学《盘古开天地》一课时，我引导孩子们用想象的方法去读课文，孩子们结合"混沌"这个词，纷纷展开了想象的翅膀，他们想象到了当时的宇宙是黑暗的，是呼吸困难的，是四极不张的，是无法生存的。孩子们还抓住了"抡""猛劈""顶""使劲蹬"这些词语，他们一边做动作一边想象盘古开天辟地时的情景，体会出了盘古开天辟地时的艰辛。《富饶的西沙群岛》一文中，关于大海龟的描写只有一句话，如何将这一句话读"活"，赋予它生命的活力呢？我引导孩子们回忆并讲述平时生活中见到的乌龟四脚朝天时的样子，因为孩子们有着丰富的生活经历，对这一话题并不陌生，反而兴趣盎然，描述得自然惟妙惟肖。我抓住时机，将文本中"庞大"一词融入其中，结果水到渠成，文中那只笨重、巨大的海龟在孩子们的眼前，在他们的头脑中"活"了起来，而且是那么的可爱！学完《花钟》一课，孩子们亲手制作出了各式各样的花钟在班级中展示，那种对自然科学的热爱之情溢于言表。

我想，只有引导孩子们运用多种方法从不同角度理解、体会文本内容，文本才会有立体感，才能变成活的画面。

二、把空白"补"满

文字是有温度的，如果能把这个温度升至燃点，必然会擦出火花。所以我经常把我和孩子们对文本的解读、感悟用文字的形式添加到文本当中去，让文本内容丰满，让学习者感情升温。例如在《盘古开天地》一文中，课文第三自然段有这样一句话："这样不知过了多少年，盘古终于累得倒了下去"，为了让孩子们能深刻地体会出盘古开天地时间之久，付出之艰辛，我从"不知过了多少年"这一句入手，与孩子们共同为课文补充了这样一段：

一千年过去了，盘古仍然头顶着天，用脚使劲蹬着地；

一万年过去了，盘古还在头顶着天，用脚使劲蹬着地；

十万年过去了，盘古仍旧头顶着天，用脚使劲蹬着地……

看，文本丰满了，孩子们对盘古献身宇宙的崇敬之情油然而生。

这是《火烧云》中的一段：

一会儿，天空出现一匹马，马头向南，马尾向西。马是跪着的，像等人骑上它的背，它才站起来似的。过了两三秒钟，那匹马大起来了，腿伸开了，脖子也长了，尾巴可不见了。看的人正在寻找马尾巴，那匹马变模糊了。

教师指导学生这一段的有感情朗读，如果光靠朗读方法上的指导，效果是不明显的，所以，我为这一段话加了一些语气助词，朗读起来，效果就大不一样了：

一会儿，天空出现一匹马，马头向南，马尾向西。马是跪着的，像等人骑上它的背，它才站起来似的。过了两三秒钟，（哇）那匹马大起来了，（嚯）腿伸开了，（呀）脖子也长了，（呦）尾巴可不见了。看的人正在寻找马尾巴，（哎）那匹马变模糊了。

瞧，加上了语气助词，很容易把火烧云变化多端和看的人喜悦与兴奋之情读出来。文本是留有空白的，把文本"填"满，孩子们的感情自然就饱满了。

三、把感情读"真"

朗读是理解课文内容，体会思想感情，培养语感的基本途径，是最重要的阅读训练之一。因此，朗读方法的指导显得尤为重要，在平时的教学中，我喜欢用"抑、扬、顿、挫、轻、重、缓、急、虚、实"这十种方法指导学生朗读。例如在《盘古开天地》一文中"十万八千年"

和"很久很久以前"这两个地方我就采用了重音轻读的方法，突出故事的神话色彩。课文中还有这样两句话：

轻而清的东西，缓缓上升，变成了天，

重而浊的东西，慢慢下降，变成了地。

我引导学生先找出两句话中相对应的反义词，再进行朗读技法上的指导：读前一句时语气要轻，语调上扬，后面的"天"字要读得又高又平，要读出天上升时轻而飘的感觉，而后一句读法与前一句正好相反，读出地下降时的厚重感，结果达到了事半功倍的效果。

另外，在指导朗读时，读准调值也是很重要的，如果把调值读准了，朗读就成功了一半。针对我们地区方言较重，尤其平翘舌不分，尾音下降调的特点，在教学生字时，我特别注意每个字的音值、音高和音调，争取读准每一个字的发音，为有感情朗读做最基本的准备。当然，指导学生有感情朗读，光凭技巧上的指导也不够，还要依赖于对文本内容的理解，让读者的感情与文本的感情产生共鸣，从而达到以情带声、以声传情的效果。

我想，激活文本，让文本灵动的过程，必然是学习者生命得到滋养和润泽的过程。

注：此文发表于《吉林教育》（2015.5）

用"五元"构筑生命课堂

"一枚鸡蛋从外部打破，会成为一道菜，而从内部突破，则成为一个生命"。生命是教育的原点和归宿，因此，我们呼唤生命课堂。如果将"疑""探""展""评""用"（简称"五元"）五个元素科学地融入课堂教学之中，必将润泽生命，使课堂焕发生命的活力。

一、"五元"课堂的基本含义

（一）以"疑"促思，开学习之端

古人云："学贵有疑，小疑则小进，大疑则大进。""疑是思之始，学之端"。可见，提出问题往往比解决问题更重要。上课伊始，教师要利用各种手段创设问题情境，激发学生大胆质疑。例如，在教学"周长的认识"（人教版小学数学三年级上册）时，教师首先通过多媒体创设了为照片镶边框的情境，实现了主题——"周长"的顺利导入。随即抛出"周长"的定义——"封闭图形一周的长度就是它的周长"，同时引导说："请同学们好好读读这句话，你们知道什么是'周长'了吗？哪个地方不明白，大胆地提出来！"一石激起千层浪，学生思维的火花不停地跳跃与碰撞，"什么是'封闭图形'？什么是封闭图形的'一周'？学习'周长'有什么用处？"

等探究主题一一生成。教师相机在文本中的"封闭图形"与"一周"下方添加红色的下划线与问号提示，突出探究重点。通过学生大胆提出疑问，师生相互补充疑问，教师顺势梳理疑问，从而实现问题共享。当然，质疑并不是课堂开端的专利，它伴随着新知的构建，不断生成，因为教学本应该就是不断生疑和不断解疑的过程。

（二）多"探"结合，促主动发展

有效的学习活动不能单纯地依赖模仿与记忆，动手实践、自主探究与合作交流是学生学习的重要方式。孩子是探索奥秘的精灵。教学应立足于促进学生的发展，使他们成为学习的主人。在"五元"课堂中，教师要把学习的时间和空间还给学生，为他们构筑发展的平台。为了让自主学习有效，合作学习有果，在学生探究学习之前，教师还要为学生提供"探究提示"支持学生自主学习。探究的形式有三种：学习个体的自探、学习小组的合探和师生的共探。教师要鼓励学生自学，倡导合作。学生可以利用手中的学习材料用自己喜欢的方法独立探究，也可以将自己的收获和困惑与小组同学、与老师共同探讨、交流。大家群策群力，集思广益，智慧共融，从而促进学生主动学习、主动发展和主动提高。

（三）"展""评"结合，享成功之悦

愿意表现自己，是儿童的共同特征。因此，在探究学习结束之后，教师要为学生搭建展示探究成果的平台，即学生以小组为单位，将学习成果向全班汇报展示。学生通过汇报来展示新知构建的过程，突出了思维的完整性。教师要充分发挥组织者、引导者、合作者的角色作用，或因势利导，或雪中送炭，或推波助澜。新课程强调：应建立评价目标多元、评价方法多样的评价体系。在学生展示探究成果的同时，会伴有多元结构的评价，即学生和教师要对汇报的内容做及时的必要的补充、修正、质疑和客观的赞赏与批评。通过学生评价学生，教师评价学生，学生评价教师，取长补短，相得益彰。与此同时，他们的语言表达能力、交流能力、思维能力都将得到很好的发展与提高。学生在展示中，品味了成功的喜悦；在评价中，促进了发展。实现了成果共享，快乐共享！

（四）学以致"用"，促能力提高

周恩来总理说过，"读书而不能运用，则所读书等于白纸。"他强调了学以致用的重要性。针对教学重点和学生发展状况，教师应设计灵活多样的练习，既使学生巩固了对新知的理解与掌握，又培养了学生的应用意识，提高了解决问题的能力，实现对新知认识的第二次飞跃。在练习中，可以采用分层练习的方式，科学设计具有生活性、趣味性和挑战性的习题，不同的学生可以根据自己的实际情况完成不同的题目，使不同的学生获得不同的发展。

二、"五元"课堂的特点

（一）基本性："五元"课堂实现了"三实"：现实——从实际入手，关注学生学习新知的基础和起点；平实——

为学生营造良好的学习氛围，让学生能静心思考和探究；扎实——重视知识的构建，重视基础知识的教学和基本能力的培养。

（二）发展性："五元"课堂充分激发了学生的学习兴趣、学习动机等内部诱因，促进了学生主动思考、主动探究、主动发展，使每一个学生都具有自信心和持续发展的能力。

（三）民主性："五元"课堂的学习过程是为了解决学生的疑问而展开的，充分尊重了学生的人格和发展需求，师生之间、生生之间在教学活动中的关系和谐、融洽。实现了问题共享、智慧共享、快乐共享。

（四）开放性："五元"课堂充分激发了学生的活力，不断引起学生理解、认知、探索、发现以及想象和表现的欲望。同时，打破了课堂教学的时间与空间的限制，构建了开放而有活力的课堂。

（五）教育性："五元"课堂能够结合教学实际，很好地培养了学生发现问题、解决问题、学以致用的能力以及团队意识，热爱生活的情感和严谨的学习态度，达到了润物无声的效果。

几年来，行走在"五元"课堂之上，有一个巨大的感受，那就是：教育不是限制、捆绑、灌输，而是开发、陪伴、幸福。在"五元"课堂之上没有限制：学生是自由的，有问题可以提出，先独自解决，再小组合探，如果还不能解决的，在老师的指导下全班再探。在课堂上没有灌输：

学生之间的合作是有效的。对新知的学习，各组同学会在组长的带领下一起研究，讨论，每个人都能积极参与，是实实在在的研究、而不是浮夸的表演。有时课堂会稍显沉闷，但是我想，并不是每一节的学习都要轰轰烈烈，冷静和理性的思考更适合孩子们。课堂，不应该让学生成为教师展示才华的配角，应该把课堂的主权还给学生，教师就是为学生发展服务的。

用质疑的目光观察世界，用探究的精神对待学习，用展示的平台实现共享，用评价的方式促进发展，用应用的手段提高能力，"五元"课堂让生命更精彩！

体验中学数学

"体验"在《现代汉语词典》中的解释为："通过实践来认识周围的事物；亲身经历。""体验"已经成为数学课标中出现的"高频词"。学生的数学学习，从最早提出问题，到最后的解决问题，都离不开学生亲身体验。

一、体验知识建构的过程

《数学课程标准》指出："要让学生参与特定的数学活动，在具体情境中初步认识对象的特征，获得一些体验。"因此，要让学生亲身经历将实际问题抽象成数学模型并进行解释应用的过程。如教学"用数对确定位置",课堂上(送教课),我创设了这样的情境:由于初来乍到,想请孩子们为我介绍班长的位置。孩子们七嘴八舌,有的说"靠窗边第*个",有的说"在**的左边",还有的说"在第*组第*个"……可是,孩子们说着说着就发现,由于他们确定位置的方法五花八门,使我很难确定班长的位置在哪儿,从而引发了他们的思考:怎样确定位置才能让所有人都看懂,听明白?从中让学生感受到确定位置时统一标准的必要性,可以说是水到渠成。通过统一标准,学生运用数对成功、准确地介绍了班长的位置。学生在一次次体验中,不仅学会了用数对确定位置的方法,而且亲历了知识的建构过程,为形成空间观念打下基础。

二、体验动手操作的过程

教与学都要以"做"为中心。陶行知先生早就提出"教学做合一"的观点,在美国也流行"木匠教学法",让学生找一找、量一量、拼一拼、摸一摸……因为"你做了你才能学会"。皮亚杰指出:"传统教学的特点,就在于往往是口头讲解,而不是从实际操作开始数学教学。""做"就是让学生动手操作,在操作中体验数学模型的建构。通过动手操作,可以使学生获得大量的感性知识,同时有助于增强学生的学习兴趣,激发求知欲。如,教学"认识周长",学生在理解了"周长"的意义,以及初步学会了测量边线是直线的物体周长以后,我发动学生亲自动手测量叶子的周长（即边线是曲线的物体周长），学生在实际的测量过程中发现问题，通过探究、交流、操作解决问题，总结出化曲为直的测量方法，这些都是来自学生的亲身体验，因此印象深刻。

三、体验数学知识在生活中的应用

周恩来总理曾经说过："读书而不能运用，则所读书等于白纸。"可见学以致用的重要性。由于受到时间和空间的限制，一些知识无法在课堂直接体验，这样，可以在课外安排一些体验活动。如，在教学"利息"这一知识时，布置学生由家长带领到银行存款、取款，从选择储蓄的种类到填写存单，再到根据存款到期取款时各种利率、个人所得税的计算等各个环节都由学生自行操作。这一实践过程，不仅仅是理解利息的意义、计算方法，更重要的是体验到数学源于生活又用于生活的重要意义。

四、体验学习成功的快乐

苏霍姆林斯基强调要"把劳动的欢乐、学习上取得成功的欢乐给予儿童，在儿童的心里激起自豪感和自尊感这是教育的第一信条。"《数学课程标准》也指出，"要让学生在数学学习活动中获得成功的体验，建立自信心。"对小学生来说，成功应该包含两方面的含义：一是为人知的成功，即他的成功被老师、同学、家长所认可，获得他人的赞许、尊敬。另一种是不为人知的成功，即自我目标的达成和心理上的满足。帮助学生树立成功的信心要始终坚持"三个相信"的教育理念，即"相信每一个学生都有追求成功的愿望，相信每一个学生都有争取成功的潜能，相信每一个学生都可以在老师的帮助下获得成功"。教学中，要多为学生搭建自主学习的平台，让学生在自主学习中体会到"我会学"的自豪感；让学生在合作学习中树立"我能行"的自信心，让学生在实践中体会到"我会用"的乐趣。学生在一次次活动中可以深切体会到：只要努力，人人都可以获得成功，人人都可以享受成功的快乐。

五、体验数学文化

华罗庚先生曾说："宇宙之大，粒子之微，火箭之速，化工之巧，地球之变，生物之谜，日用之繁，无处不用数学，数学的外延无所不在。"因此，任何事物中都可以找到数学的影子，包括每个人身边发生的事。营造浓厚的班级数学文化氛围，是引导学生体验数学生活的有效途径。例如：初步认识了平面图形后，带领学生利用七巧板拼成各种美丽的图案装扮教室，学习统计之后，班级各项评比将利用统计图、表的形式展示出来，学习"对称"以后，孩子们利用对称剪出形状各异的窗花贴在班级的窗上……浓浓的数学文化气息，不仅让孩子们体验到数学世界的美妙与神奇，而且浸润了孩子们的心灵。

在数学教学中，注重学生体验，让学生在体验中认知，在体验中发展，必将尊重生命、关怀生命、拓展生命、提升生命。

注重学生体验　丰富习作源泉

　　春秋时代，有个叫俞伯牙的人，他精通音律，琴艺高超，伯牙年轻的时候总觉得自己还不能通过琴声出神入化地表现对各种事物的感受。他的老师知道他的想法后，就带他到东海的蓬莱岛上，让他欣赏大自然的景色，倾听大海的波涛声。伯牙感受到一种前所未有的境界，于是创作出了流传千古的《高山流水》。伯牙之所以能够创作出《高山流水》这样的旷世之作，源于他丰富的体验。

　　体验教育发展渊源已久。在我国古代，一些大思想家、教育家就十分重视体验教育。孔子的"多闻，择其善者而从之；多见而识之；知之次也。"便强调教学要引导学生多听、多看、多问，以亲身体验来获得直接经验。宋代朱熹强调读书学习时要"切己体察"，虽未直接指教育，然而其要求读书学习要身体力行，亲身实践，对教学具有一定的启迪和指导意义。美国著名的实用主义哲学家、教育家和评论家约翰·杜威提出了"从做中学"理论，成为体验教育的最直接最重要的理论来源。中国现代著名教育家陶行知先生结合中国的国情，强调教育即生活，在做中学的思想，为体验教育在中国的实践探索书写了浓墨重彩的一笔。哲学界已经取得共识："21

世纪是体验的时代"。"体验"已经成为各学科课程标准中出现的"高频词"。在作文教学中，重视学生体验，是坚持以人为本的新课程改革的迫切需要。

一、重视"体验"是基于小学生作文现状的需要

我们都知道，学生作文的质量是素质教育最直观的一面镜子。最近，在一所学校四年级小学生中做了一次有关作文方面的问卷调查。调查结果表明：18.6%的学生对作文感兴趣或一般感兴趣；68.3%的学生对作文感到苦恼；13.1%的学生对作文感到非常苦恼。随即，我们又调查了学生对作文感到苦恼的原因，其中78%的小学生作文时感到无事可写。同时，我们还做了作文完成情况的调查，能够独立并合格完成习作任务的学生占全班级学生的21.1%，而78.9%的学生要依赖于作文辅导班、作文参考、家长等帮助，"谈写色变"已经成了小学生的通病。作文已经给小学生的学习带来了沉重负担和巨大的心理压力，甚至引发了厌学心理。据调查，多数学生的作文存在以下问题："假"，说假话，编假事，无病呻吟，没有真情实感；"空"，内容空洞，不具体，善于辞藻堆砌；"俗"，千篇一律，千人一面，缺少创新，落入俗套。造成这种状况的主要原因就是学生体验的缺失。"学生作文也是一种体验，一篇好作文应是学生的一种独特体验"。叶圣陶先生说："生活如源泉，文章如溪流，源泉丰盈而不枯竭，溪流自然活泼地昼夜不息。"源之不清，流将焉附？现在的学生生活天地小，加之家长的过度"保

护"，参与生活实践的机会少，因此，写作内容贫乏已是不争的事实。如果我们语文教师能重视学生的体验，在源头活水上下功夫，必将开其源，广其流，以开源之力达疏浚之功。

二、 注重体验是基于小学生心理发展规律的需要

《语文课程标准》明确指出："写作教学应贴近学生实际，让学生易于动笔，乐于表达，应引导学生关注现实，热爱生活，表达真情实感。"从心理学角度讲，作文必须经历"物——意——文"双重转化的过程，即将现实生活、客观事物转化为观念或情感，再将这种观念或情感转化为书面语言。但在多数情况下，写作时现实生活、客观事物并不出现于眼前，赖以转化的物质基础其实就是现实生活、客观事物留在人脑中的记忆表象。没有表象，"意"和"文"只是无源之水，无本之木。因此，表象储存的质量、多少与作文质量直接相关，开展丰富多彩的体验活动就是为了丰富学生头脑中的表象。加达默尔说："如果某个东西不仅被经历过，而且它的经历存在还获得一种使自身具有继续存在意义的特征，那么这种东西就属于体验。"因此，体验不是一般的经历，而是生命的经历。体验是鲜活的、感性的、热烈的、内部和外部并重的，充满改造和创新精神的，生活着就是体验着，体验着才是生活的真正存在。没有体验活动，就不会有丰富的表象，就不会有情感的冲动、精神的觉醒和智慧的发现。开展体验活动旨在让学生在丰富多彩的体验活动中学会观察，学会感悟，积累写作素材，从而走出"作文难"的困境。

三、注重体验是基于作文教学现状的需要

在新课程改革中，作文教学的确发生了一些可喜的变化，不可否认的是我们语文教师在理念上已经接受了"注重学生体验"的思想，但在实际教学中却出现了有形无神的现象。有些教师在作文指导课和评改课中仍然过于注重布局谋篇和遣词造句等一些方法、技巧方面的指导，而常常忽略作文的选材是否真实、典型。甚至有的教师将作文分类制成模版塞给学生，让学生死记硬背，套用固定的模式。这种做法表面看起来"见效"快，其实这种僵化式的写作训练，相当程度上，漠视了学生的个性化体验，冷落了他们对社会及生活的热情，结果必然窒息学生自主写作的兴趣，毁灭独具匠心的创新精神，作文在学生心目中成了没有思想和灵魂的文字组合体。作为语文教师，应该把作文教学放眼于课外，通过开展体验活动，丰富学生生活，开阔眼界，培养感受力，积累习作素材，进而提高小学生习作水平。体验活动虽不直接服务于某一次习作训练，但是它是为未来打基础，是一种不可言状的"长效"，可谓"治本"。

体验是学生生命成长和不断丰富的基本形式，是学生作文不竭的源泉。

注：此文发表于《吉林教育》（2017.3）并荣获吉林省第十届教育科学优秀成果三等奖。

学生活中的数学，解生活中的问题

《数学课程标准》指出："使学生感受数学与现实生活的密切联系，初步学会运用所学的数学知识和方法解决一些简单的实际问题。"这一要求特别强调了数学教学必须建立在学生的认知发展水平和已有的知识经验基础之上。因此，我们每一位数学教师应该设计一些富有情趣和意义的活动，把学生的数学学习与学生的生活经历紧密地联系在一起，有效激发学生的学习兴趣，调动学生利用自身已有的生活经验主动参与探索数学知识的积极性，培养学生运用所学的数学知识解决生活中的实际问题的能力，同时让学生真正体验到数学的实用价值，即让学生在生活中学数学、用数学。

一、创设生活情景，激发学习兴趣

托尔斯泰说过：成功的教学所需要的不是强制，而是激发学生的学习兴趣。数学知识虽然单调枯燥，但蕴含着丰富的可激发学生兴趣的因素。因此，在新课教学时，教师要充分利用这些因素，将数学知识与学生生活实际紧密地联系起来，把社会生活中的题材引入到数学课堂教学之中，激发学生学习兴趣，使求知成为一种内动力。例如，教学"求比一个数多（少）百分之几"的应用题时，我以备受学生关注的"世界杯"足球赛为题材组织教学：在多媒体播放巴西球星射门时激动人心的录像片段后，我及时抽取了近 4 届"世界杯赛"每届进球数这一信息制成统计表，在多媒体中出示供学生观察。然后，启发学生提出用百分数表示表中两者关系的问题，现实的背景加上学生积极、灵活的思维，学生一下子提出了许多百分数问题。比较、分类后，再抽取其中的"1998 年进球比 2002 年多百分之几，2002 年进球比 1998 年少百分之几"一组问题，即构成了本课要探究的重点。至此，学生经历了一个从现实背景中引发问题的过程，真切地体验到数学与日常生活的密切联系，感受到学习数学的无穷乐趣。又如在教学"米的认识"时，我在学生已经认识了"厘米"的基础上，让学生动手去测量教室的长，在测量过程中感受到以"厘米"为单位太麻烦，从而产生学习较大的长度单位的需求。这样既为学生学习新的数学知识做好了铺垫，又充分调动了学生探索学习数学知识的积极性和兴趣。

生活是数学的源泉，紧密联系生活的"源头性"的数学问题既能让学生感受到数学与生活的密切联系，更能激发学生强烈的探究兴趣。而要做到这一点，关键是教师首先要关注社会，关注学生生活，这样才能为学生提供各种有效的生活情景，供学生观察、解释、探究。

二、运用生活经验，解决数学问题

构建智慧的重要基础，是人们已有的生活、学习经验。为此，建构主义教学论把"通过自己的经验主动建构"看成是其"灵魂"。还有学者认为：对小学生来说，小学数学知识并不是新知识，在一定程度上是一种"旧知识"，在他们的生活中已经有了许多数学知识的体验，学习数学是他们生活中的有关数学经验的总结与升华。鉴于学生已经具备了一定的生活经验，对周围的各种事物、现象充满着好奇，数学教师就必须紧紧地抓住这份好奇心，结合教材内容，创设情景，设疑引思，用学生熟悉的生活经验作为实例，引导学生利用自身已有的经验探索新知识解决新问题。例如，教学"体积的概念"这一节内容，教材上有一个实验，把石头放入有水的玻璃杯里，让学生观察水面的变化，使学生明白石头占有一定的空间。诚然，这个实验的内容与"乌鸦喝水"的现象并无二致。为让学生建立体积的概念，在教学中，我先让学生讲述"乌鸦喝水"的故事，然后思考讨论乌鸦为什么能喝到水？学生纷纷举手发言，有的说乌鸦聪明，把小石子放进瓶子里；有的说放进小石子，瓶子里的水面升高了……在学生讨论的基础上，我又重点设疑：为什么瓶里放进石子水面会升高？为什么放了许多石子后乌鸦才喝到水？经我这么一问，学生的思路被打开了，有的说石子重，会往下沉；有的说石子占了一定空间，把水给挤出来了；有的说石子占的空间比较小，只有放了足够的石子，才能把水挤出来……在热烈的讨论中，学生逐渐理解了"体积"的意义。

学习数学知识是学生生活经验的组织和重新解释的过程，教师要结合教学内容，尽可能地创设一些生动、有趣、贴近生活的例子，把生活中的数学原型生动地展现在课堂中，使学生眼中的数学不再是简单的数学，而是富有情感、贴近生活、具有活力的东西。

三、运用数学知识，解决生活问题

体会数学的意义和价值，联系生活并掌握数学知识，并不是学生学习数学的最终目标。学生学习数学的最终目标，应该是能应用所学的数学知识、数学思想和数学方法去观察、分析现实生活，去解决日常生活中的问题，进而培养学生勇于探索、勇于创新的精神，形成一定的应用技能。所以，数学教师一定要有目的、有计划地组织学生参与具有生活实际背景的数学实践活动，运用所学的数学知识解决一些实际问题，使学生感到数学知识与生活实际的密切联系，开阔学生数学视野，培养学生实践能力，体验数学的实用价值。

数学来源于生活，而生活又离不开数学，只有把小学数学教学与学生的生活经历紧密地联系在一起，让数学与生活成为一对教学的伴侣，才能激发起学生积极、主动地探索学习数学的兴趣，更好地通过数学课程的学习来促进学生的发展，推进新课程改革走向成功。

谈数学启蒙

　　客观事物的发展自有它的规律，纯靠良好的愿望和热情是不够的，很可能效果还会与主观愿望相反。一些学龄前儿童和一年级新生家长常常向我反映这样一个问题：孩子数学学得很早，有的甚至上了两年的学前班，可是却没有什么效果，居然连5以内的加减法都没有脱离手指算；各种图形分不清（如长方体与长方形，正方体与正方形）；一些计量单位严重混淆。每当这时，我总笑着说：这不能怨孩子，是我们大人违背了孩子们学习数学的规律，犯了揠苗助长的错误。

　　3岁～6、7岁（学前期）的儿童，处于具体形象思维阶段。其主要特点是思维的具体形象性，即儿童的思维主要是凭借事物的具体形象或表象，凭借具体形象的联想进行的。数学来源于生活，一切脱离生活实际的教与学都显得苍白无力。然而我们的家长，我们的一些幼教机构却违背了这一重要的规律，把对孩子们的数学启蒙教育当成了"纯数学课"来上，给孩子的数学学习经历留下了太多的阴影和遗憾。儿童认识数，要从数数开始，可是，很多家长和幼儿园都把认识数字当作孩子学习数学的第一课，几天下来，孩子们认识数字了，会写数字了，能很流利地数数了，甚至可以倒数如流了，殊不知，孩子们对数到底有了多少认识，他们会口与手协调一致地数数吗？看到或听到一个数，他们的头脑中会产生这些数的表象吗？可是在我们还没有来得及想这些问题的时候，我们的孩子已经进入了下一个内容的学习——加减法，试想一下，孩子们的头脑中根本没有数的概念，又怎么能对这些天书似的符号相加和相减，脱离手指算又谈何容易呢？孩子对数学的学习应该是一个从具体形象思维逐步过渡到抽象逻辑思维的过程，但是，我们不得不承认，我们的一些家长和一些幼教机构为了追求所谓的高效学习，把孩子的数学学习从现实生活中剥离开来，使孩子们的数学学习成了无源之水，空中楼阁。

如何对学前儿童进行数学启蒙教育？学前儿童数学启蒙一般包括五方面的内容，即数的认识，图形的认识，计量单位的认识，比较，位置。

生活中无处不数学，生活才是数学的大课堂。家长应是孩子数学入门的第一任老师。作为家长要引导孩子在生活中发现数学，学习数学，最后会用数学知识解决生活中的问题。而这一过程应是一个潜移默化、润物无声的过程。生活化、游戏化的学习才是最有效的学习。

平时，让孩子数数家里有几口人，自己有多少玩具，多少本书，多少支笔等；到动物园，教孩子数数有多少只动物；到游乐场，电影院排队时，数数自己排在什么位置（从前数第几，从后数第几），前面有几人，后面有几人，一共有几人。长此以往，孩子自然会对数有了具体深刻的认识，可谓是水到渠成。

对于计量单位的认识也离不开生活。我们会经常带孩子到商店购买食品，每个食品袋上都会有食品重量的标识，这是你教孩子认识质量单位的绝好时机，让他用手拎一拎，掂一掂，化抽象为具体，帮助孩子建立质量单位的表象。渐渐地，让孩子了解自己的体重，家人的体重，让他估一估物体的质量，既提高了孩子学习的兴趣，又培养了孩子的质量观念，岂不是一举两得？

世界都是数与形组成的，生活中，无处没有数与形。孩子玩玩具时，我们可以教孩子认识各种图形的名称，走在大街上，我们可以让孩子观察周围建筑物、标志的形状，回到家，可以坐下来陪着孩子画一画，折一折，剪一剪，拼一拼喜欢的图形，在游戏中帮助孩子建立初步的空间观念，从而达到事半功倍的效果。

一些孩子入学之后，常常在解决问题上犯了难，其根本原因是他们根本不理解数量之间的关系。对于学前儿童或低年级小学生来说，离开具体事物而进行纯粹形式的逻辑讲解，他们难以接受。生活中的数学是最鲜活的，捕捉生活中的"原型"，联系实际，是帮助学前儿童和小学生掌握抽象知识的有效途径。例如：家里来了客人，孩子自然高兴，乘着孩子的兴头，您不妨问一问：宝贝，家里原来有几人，来了几人，现在一共有几人？再让孩子数数男生有几人，再算一算女生有几人，还可以让孩子比较一下男生和女生谁多谁少；吃饭了，充分发挥小主人的作用，让孩子帮算一算，拿几个碗，几双筷子，几个杯子，孩子在轻松愉快的生活氛围中既学习应用了数学知识，又学习了如何待人接物。

关于位置和比较的渗透，可在游戏和儿歌中进行。如：早上起来，面向太阳，前面是东，后面是西，左边是北，右面是南。游戏"唱反调"，比如家长伸出左手，孩子就要伸出右手，比比谁的反应速度快。在生活中，要经常引导孩子比较物（具有明显差别）的大小、多少、长短、高矮宽窄、形状等，同时培养孩子的观察力。

注意培养孩子学数学的兴趣和用数学的意识。

兴趣是最好的老师。兴趣在孩子的学习中起着非常重要的作用，良好的兴趣可以使孩子具有敏锐的观察力，丰富的想象力，严密的思维力。只有培养良好的学习数学的兴趣，才有可能使孩子主动从生活中发现数学，学习数学，应用数学，并在这一过程中获得成就感和自信心。另外，在生活中还要培养孩子的数学意识，让孩子感受到生活中处处有数学。

生活是最生动的数学课堂，只有在生活中感知数与形的变化，才是最好的数学启蒙教育。

体验中习作与成长

叶圣陶先生曾经说："生活如源泉，文章如溪流，源泉丰盈而不枯竭，溪流自然活泼地昼夜不息。"作文是学生生命历程的记录，是人生的"史记"，它离不开学生自己对生活的体验、感悟和思考，而"体验"正是一条引"源"入文的好通道。

一、开展体验活动，积累习作素材

由于学生年龄小，生活经历少，写作素材积累相对贫乏，学生作文时常常处于"无米之炊"的窘地，因此，帮助学生积累写作素材是语文教师在作文教学中的重要任务。几年来，我带领学生开展了丰富多彩的体验活动，吸引学生参与到活动中来，学生在活动中"以身体之，以心验之"，从而产生独特的体验，丰富了人生积淀，提高了习作质量与习作水平。

例如，我带领孩子们开展了大型体验活动"校园 童年 落花生"（活动主题的命名源于林海音《冬阳 童年 骆驼队》的启发）。这个活动共分为三季，即"种子的梦""花儿朵朵""快乐的收获节"。第一季"种子的梦"，孩子们以小组为单位进行活动，他们在活动前讨论了活动的分工，通过上网查阅资料或者访问有经验的花生种植者，了解一些有关种植花生的知识。播种花生那天，孩子们早早做好了种花生的准备工作，每个孩子都在花盆里种下了一颗花生种子，我想，孩子们种下的不仅仅是花生种子，他们种下的还有希望和快乐。在孩子们的期盼中，花生苗出土了，我和孩子们创作了童话故事《小花生出世》。孩子们写的很有意思。记得有一个孩子在文中写道："开始，我被许多人拿，我觉得浑身痒痒的，很好玩儿。过了一会，我被请到了土的豪宅里，我静静地躺在了湿润润的床上，口渴了，一直喝，我一直喝，喝成了小胖子……"一个孩子还写道："一天，当我奋力向上一顶的时候，突然，我的世界裂开了一道小缝儿，一束阳光射进来，照在身上暖暖的，我马上就能看到外面的世界了！那是怎样的世界啊？"我们还开展了"我为小花生起名字"的活动，这引起了孩子们极大的兴趣，为了给花生起出美丽响亮的名字，他们绞尽脑汁，使出了浑身解数，有一个小组给花生起的名字叫"飘香"，寓意他们的花生将来能香飘十里，有一个小组把每个组员名字的最后一个字结合在一起，我印象最深的是八组，他们起的名字叫"红甲"，寓意他们种出来的花生最大、最红、最香。每一个名字都寄托了孩子们对小花生美好的希望。

第二季"花儿朵朵"。孩子们每天都到阳台照料、观察小花生，其间，他们发现了植物的向阳性，创作了科学童话故事《小花生晒太阳》。当金色的花生花在孩子们的眼中盛开的时候，我们开展了"花儿与笑脸"小摄影展活动，孩子们亲手拍下了许多难忘的记忆。

春华秋实，"校园 童年 落花生"迎来了第三季"快乐的收获节"。收获花生那天，我们将花生盆搬到了操场上，只有八盆花生，可是孩子们都想拔花生，我想了一个办法，让孩子们用石头、剪刀、布的方法确定拔花生的人选。那天，孩子们特别兴奋，引来了其他班的孩子驻足观看。后来，一个孩子在他的日记中写道："我们的笑声震落了连泉山的花瓣儿。"还有一个孩子写道："天空中的小雨点都忍不住跑下来看。"因为那天下着小雨。我想，没有孩子们的亲身体验，怎么会有如此的妙笔生花？接下来，我们举办了花生节。花生节那天，孩子们把黑板布置得格外漂亮，黑板上画了四十五颗花生，代表孩子们和我。我们先品尝了自己亲手种的花生，每个孩子只有几颗，但是，孩子们都细细品尝着，他们说，"这是他们吃过的最好吃的花生。"我最能体会到孩子们当时的心情，因为我目睹了孩子们春种秋收的整个过程。接下来，我们一起品尝了花生制作的食品，评选花生王是花生节的高潮，每组先选出一个花生王，再在班上角逐，花生王要在孩子们的投票中产生。记得当时还有这样一个小插曲：当剩下最后一名学生投票时，三组和八组恰巧并列第一，而最后这名同学正好是三组的组员，大家都把目光集中到了这个孩子身上，当这个孩子起身走向黑板时，我清楚地听到他的组员在低声提醒他："哎，别忘了，你是三组组员。"只见这个孩子把参选的每一颗花生都仔细地看了一遍，当他拿起粉笔时，顿了一顿，才在八组的"正"字上重重地添上了一笔，这时班级里的掌声淹没了个别孩子的叹息声。后来这个孩子在作文中写道："那一刻，我的内心是多么矛盾！我多想为我们的小组添上至关重要的一笔，可是，我不能，因为我看到八组的那颗花生虽然比我们的少一粒，但是它最饱满，外形最美观，我不能欺骗我的眼睛，更不能欺骗我的心！当教室里响起掌声的时候，我想，我做的是对的。"体验活动，不仅仅是让孩子们认识世界，同时也是让孩子们进行道德实践。我们的花生王小组进行了隆重的授奖仪式。然后我们品读了许地山先生的《落花生》，召开了"我与花生有一个故事"的故事会，最后邀请了美术老师指导孩子们制作花生壳贴花。我们还举办了一期"校园 童年 落花生"活动板报，整理出文集《花生王成长记》。丰富多彩的体验活动，为孩子们开辟了写作的新世界。

二、与其他学科相整合

新课程改革强调，要注意学科间的整合。只有注意学科间的相互渗透、整合，体验活动才会丰富多彩，孩子们行动起来才会左右逢源。朋友送给我一盆含羞草，我从家里拿来给孩子们观察。当时，我并没有告诉孩子们这盆花的名字，我是让他们亲自触摸、观察，自己来猜花的名字，结果真被孩子们猜中了。孩子们在信息课上上网查资料，了解了含羞草怕羞的原因。在花生发芽季，我们与科学课相结合，观察了花生种子的发芽过程。数学课中我们学习了"可能性"，课下，孩子们就兴致勃勃地做起了投掷硬币的实验，孩子们参与的热情十分高涨。有一天，我班家长给孩子们送来了水果，我没有让孩子们光顾着"吃"，而是在"吃"上做起了文章。家长一共拿来两种水果——苹果和桃子。我先让孩子们咬了一口苹果，再吃一口桃子，我问孩子们"桃子甜吗？"孩子们都说桃子"特别甜"，我让孩子们停了一会儿，这回我让他们先吃桃子，再吃苹果，孩子们都嚷着"老师，苹果变酸了"，有的甚至捂起了腮帮子。我趁机为他们讲解了味觉适应性和错觉的知识。我想，那天的水果孩子们一定会回味无穷。在"校园 童年 落花生"之种子发芽季，我们与音乐课相整合，孩子们纵情歌唱《小雨沙沙》（因为这首歌的内容是有关种子和春雨的故事）；在"走进秋天"的体验活动中，与美术课相整合，孩子们制作了栩栩如生的米粒贴画和叶子贴花，他们还用手机、相机拍下了眼中的秋天，有的孩子在父母的陪伴下，参加了秋收体验。我们的每一次体验活动都离不开各个学科的支持，也正因为这样，体验活动才拥有了特殊的魅力，孩子们才有了宝贵的人生经历，孩子们才能在写作中厚积薄发。

三、与家庭体验活动相结合

家庭教育是教育的重要组成部分。家庭教育因为时空的特殊性，将会比学校更有条件为孩子们提供各种体验的机会和天地。但是，家长们缺少指导孩子体验的方法，使得一些体验活动变成了"放羊式"的玩耍，孩子在活动中所得甚少。针对这种情况，我利用家长会的机会，对家长进行了培训，家长们深受启发。今年暑假，许多孩子们参加了夏令营活动，国庆节期间，孩子们在校外参加了各类体验活动，家长们还自发组织全班孩子到辽源安全教育基地参观（我们是东辽县目前为止唯一一个去过该基地参观的集体），一个孩子在参观的留言条上这样写道："今天我们来安全教育基地参观，我们每个人心里也建起了一座安全基地。"寒假时，家长们组织孩子们开展了"连泉山保卫战"活动。昔日里背着书包的小学生换上了武装，个个英姿飒爽，看到那些拿枪的女孩，家长们都喜欢地说"不爱红装爱武装"。现在，家长们也爱上了体验这种学习方式，很多家长还积累了不少经验，他们会在老师的指导下，与孩子共同制作体验活动的专辑，现在很多孩子已经会利用手机上的美图秀秀制作活动集锦、电子相册。家长们说："体验着，就是学习着，而且这种学习方式远比学习书本知识更有意义，孩子们学起来更轻松、快乐。"

四、体验活动切忌功利性

心理学表明，带着任务去活动，必然压抑活动主体的积极性、创造性，必然影响愉悦感和幸福指数，因此，每次活动，我都不会做硬性规定，必须完成什么，必须知道什么，但是，不布置任务，不等于不提倡，不指导，我鼓励孩子们写日记、写见闻，办小报，制作活动集锦等，正是因为没有压力，孩子们在活动中总是全身心地投入其中，所得超出想象。

通过开展体验活动，孩子们的习作发生了喜人的变化。

（一）习作内容具有真情实感

体验活动的开展，丰富了学生写作素材的积累，往日千篇一律、千人一面的现象不见了，照抄、照搬作文书的现象不见了，在习作中，孩子们开始有事可写，有话可说了，说实话，说心里话的越来越多了。一个孩子在题为《投掷硬币》一文中这样写道："随着呐喊声，我把硬币往空中一抛，教室上空立刻闪烁着耀眼的银色的光芒，我们的目光好像被钉在硬币上了，想移都移不开……"一个孩子在《难忘的军训》中写道："那天，我们排走得最整齐，最有精神，因为有一种力量在鼓舞着我们——那就是李教官对我们深深的爱"。一个孩子在《沙地寻宝》中写道："这次经历让我懂得了一个道理，永远都不要放弃，因为，你永远不知道上帝会给你怎样的惊喜。"一个孩子在《收获》一文中写道："我们全身都脏兮兮的，每个人的指甲里都塞满了泥土，额头上的汗珠噼里啪啦地滚落下来，我们开始大喘气，但随着一个个红色的可爱的地瓜躺在我们面前，我们只顾高兴了。"这些精彩纷呈的作文素材都来自于学生丰富的体验。《语文课程标准》明确指出："写作教学应贴近学生实际，让学生易于动笔，乐于表达，应引导学生关注现实，热爱生活，表达真情实感。"体验活动正是为学生的习作训练开其源，广其流，在源头活水上下功夫，实现了以开源之力达疏浚之功。

（二）体验活动开阔了写作视野

视野狭窄的孩子写出的文章必定具有局限性。体验活动让孩子们的视野变得开阔。记得在孩子们观察瓢虫之后写道："以前，我以为瓢虫都是七颗星的，没想到，瓢虫还有一颗星的，两颗星的，十一颗星的，二十四颗星的……原来瓢虫的家族如此庞大！"一个孩子在一篇题为《小花生的大秘密》的作文中这样写道："花开不久，花瓣谢了，很奇怪，有的连一点痕迹都没留，有的在花柄的一端长出了一个小圆点儿，很小，不久，花柄越长越长，像一条线，最后伸进了泥土里，这"线"有什么用呢？有一天，我趁同学们不注意，悄悄拔出来一根，原来那棵线上竟然长着一颗白白嫩嫩的小花生！"看，体验的世界对于孩子们来说永远是新奇和宽广的，所以，具有丰富体验的孩子的写作视角是新的，视野是开阔的，在这些孩子的习作中洋溢着旺盛的生命活力。

（三）体验活动培养了创新精神

"创新是一个民族进步的灵魂，是一个国家兴旺发达的不竭动力。"没有创新的民族是没有希望的民族。记得在"走进秋天"的活动中，我和孩子们观察谷穗，我当时问了一个问题：谁能说说谷粒是什么样的？一个孩子说："谷粒比笔芯上的小圆珠大了一点点。"另一个孩子说："谷粒像鱼子一样小。"我为两个小家伙点了一个大大的"赞"，正在这时，又有孩子站起来说："谷粒很小，一只小蚂蚁就可以把它轻松搬走。"教室里不约而同响起了掌声。像这样的例子还有很多，在观察含羞草之后，一个孩子对我说，他将来要提取含羞草的含羞液，然后制成'知错含羞液'，帮助警察叔叔破案。孩子们的创造力真的是不可估量，所以，现在，即使是同一要求的习作，孩子们的作文也会不拘一格，百花齐放。

（四）体验活动培养了合作精神

新课程改革倡导培养学生的合作精神。很多体验活动都不是一个孩子能够独立完成的，他们需要合作。一个孩子在一篇夏令营的日记中写道："我们终于找到了失败的原因，因为我们的心不齐，没有把传球的路线及时补好，作为排长我是有责任的。"一个女孩在 CS 战日记中写道："战斗结束了，我出色地完成了任务，但是，我想，胜利不属于我自己，它属于我们一六三小队的所有人。"我想，孩子们在体验活动中培养起来的团队意识必将受用终生。

（五）体验活动为孩子们创造了幸福的童年生活

著名特级教师李吉林说过："教育活动从更高境界来说，应该是童年生活的享受，让学生享受到人生最初阶段属于儿童的欢乐。"可是我们不得不承认，现在，许多孩子童年的幸福像沙漏一样渐渐漏掉了，作为教师我们有责任为孩子创造幸福的童年生活。一年多以来，我的孩子们在体验中认识世界，学习做人，享受快乐。我想，当孩子们长大以后，回忆起小学生活时，他们能记起的并不是哪一个知识点的学习，而是当年他曾经获得的快乐与幸福。这也正体现了我们东辽县实验小学的办学理念，那就是：办给孩子一生留下美好回忆的学校，做经得起孩子一辈子反思的教育。"问渠那得清如许，为有源头活水来"，体验正如源头活水润泽孩子们的生命。

请陪孩子做一次有意义的旅行

　　每年假期，都会有许多家长带孩子出游，想让孩子们通过出游开阔眼界，增长见识。然而，每逢开学，孩子们谈及自己的旅游经历时，常常是只言片语，即使写在日记或作文中的内容也是枯燥无味，所得甚少。家长们煞费苦心的旅游，在许多孩子们的心中早已成为过眼烟云，枉费了家长们的一片良苦用心。看上去意义非凡的出游，其效果微乎其微。是哪里出了问题？特级教师毛荣富曾经说过："不会体验，只说明你生活过，并不表明你拥有生活。"仔细想想，我们的孩子每一次出游是真正的体验吗？他到底收获了多少？许多家长的出游理念是"带"着孩子出去看看，很少有家长想到，是"陪"

着孩子出去看看。两者乍看上去，似乎没什么不同，都是父母和孩子一起出游，可是两者却存在本质上的区别。

"带孩子出去看看"，孩子在出游的过程中，始终处于被动状态，只能说孩子经历过，游览中必定走马观花，所得寥寥无几，而"陪着孩子出游"，孩子是主动者，他在出游中起着主导作用，是身心皆在其中的切切实实的体验。如何陪孩子做一次有意义的旅行，已经成为很多家长讨论的话题。作为老师又作为家长的我对陪孩子出游有着自己的想法和做法。

一、由孩子制定出行计划

要想通过出游达到孩子真正受益的目的，出行之前必须要制定一个切实可行的计划，而这一计划家长要交给孩子来做。出游前，先要确定目的地。这时，家长不要直接指定一个目的地，可以先列出几个路程、开销差不多的地方供孩子选择，家长要认真听取孩子选择的原因和意见，并参与讨论之中，确定最终的目的地。接下来，要引导孩子通过网络等各种渠道了解目的地的情况，对当地的地理、人文、风景名胜等做到心中有数。然后和孩子共同制定一个可行的旅行计划。计划制定后，要配合孩子提前做好出行的准备，自驾游的，可以引导孩子看交通路线图，设计出行路线，非自驾游的，可以教孩子尝试订票或网上预订宾馆，可以让孩子把出行所需的必备品列成单子，上网查阅旅游地近期的天气状况等等，这样不仅可以为出行做好充分的准备，也培养了孩子做事的逻辑性，而且通过让孩子主动参与出行目的地的选择，计划的制定，临行前的准备，培养了孩子独立生活的意识和能力。

二、鼓励孩子做好"开路的先锋"

出发了，这是孩子们最激动的时刻，这时候，最好不要让孩子"轻装上阵"，孩子要分担行囊，让他们感受到自己的责任和存在的价值。旅途中，要让孩子做好"开路的先锋"，指导孩子学会网上查询路线，学会看指示标，学会看车船票，学会对号入座。旅途中，要指导孩子学会使用车船飞机上的服务设备，为家人为自己做好服务，还要教会孩子如何做一个文明的乘客。到达目的地后，首先要指导孩子看当地的交通图和旅游地图，了解当地的交通和旅游路线。入住宾馆，这也是锻炼孩子极好的机会，可以协助孩子办理入住。这个过程，家长要学会做"孩子"，耐心享受孩子的成长给自己带来的服务；要让孩子学会做"家长"，让他们享受成长给自己带来的快乐。

三、引导孩子做一个有心的游客

首先，进入游览区，家长要引导孩子制定一个可行的路线图，避免走弯路或错路。由于可观可赏的事物太多，一时间孩子的眼睛可能应接不暇，甚至有的孩子走马观花，所得可想而知。这时，作为家长需要拉住孩子，将步子放慢，引导孩子仔细观赏，不仅仅是观其外表，对于风景名胜，文物古迹，还要了解它的历史、价值，最好能将孩子积累的知识联系起来，例如，游览西湖，家长可以与孩子一同大声吟诵苏轼的《饮湖上初晴后雨》，走在蜿蜒盘旋的长城上，可以与孩子一起探寻历史的足迹；走航天科技馆，可以与孩子一起畅谈中国人的飞天梦想；站在海边，看到潮起潮落，与孩子一起感叹地球引力的神奇；站在街市乡村，草原高山，了解不同的风土人情，此时，从孩子心底里生发出来的感悟是任何教科书、任何课堂学习都代替不了的。其次，要让孩子利用手中的手机或相机，拍下精彩难忘的瞬间，在这样看似简单的行动当中，培养了孩子收集信息能力、审美能力，同时也培养了孩子敏锐的观察力和洞察力。最后，要教孩子做一个文明的游客或参观者，塑造美好的个人形象。

四、将记忆珍藏

所谓"珍藏记忆"，并不是把旅行中拍摄的照片或者视频简单地收藏起来就可以了，而是要家长协助孩子将出游前所做的计划、路线图、车船票、交通图、门票、游览（参观）图、照片（视频）等等，一一按顺序整理，对于重点的照片，要让孩子附上必要文字说明和感悟，最后还要给整理出来的集子起一个名字，作一个序和后记，让这个集子成为孩子一个完整的、美好的、看得见的记忆。这个记忆并不仅仅是看得见的，更重要的是，孩子通过亲身体验，必定在记忆深处留下深刻的印象，这一印象，是孩子成长的一笔可贵的财富。

陪孩子去旅行，家长必须要学会放手，孩子能做的坚决不包办代替，要学会做孩子的助手，孩子不能做的，要鼓励他，教他去做，要学会做孩子的"孩子"，享受孩子的照顾。陪伴孩子这样旅行，必定是快乐的、有意义的、难忘的。

运用信息技术，助力小学数学课堂

小学生的思维正处于具体形象思维向抽象逻辑思维过渡的阶段。我们不可否认的是，数学知识具有一定的抽象性，因此，必须在小学数学知识的抽象性和学生思维的形象性之间架起一座桥梁，而信息技术正是这样一座桥梁。下面我将以一节小学数学课的教学为例，谈谈如何借助信息技术构建高效、开放而有活力的数学课堂。

一、运用信息技术再现生活画面，激趣入境

"兴趣是最好的老师。"只有学生对学习产生了浓厚的兴趣，他的探究欲望才会愈加强烈；学习起来才会愈加有动力；学习过程才会愈加投入；行动起来才会愈加积极；观察、比较、想象等多种智力活动才愈会主动、有效。"周长的认识"是人教版小学数学三年级上册中的内容。"周长"这个概念对于小学生来说，十分抽象，隐形于生活之中。为了便于学生的学习启动，我从生活出发，选取了孩子们熟悉的校园照片，为了进一步突出

课题的引入，我在 PPT 设计中给照片加一边框，通过边框颜色的变化强化学生对边框的认识，从而通过白板的演示实现主题的顺利导入。生动的课件，把学生的现实生活与数学学习紧密联系起来，有效地激发了学生的学习兴趣和探究欲望，把学生推向了"心求通而不能，口欲言而非达"的境地，学生在不知不觉中走进了广阔的数学天地。

二、运用信息技术提炼重点，开思之始，学之端

古人云："学贵有疑，小疑则小进，大疑则大进。"可见，提出问题往往比解决问题更重要。"疑是思之始，学之端"。为了充分发挥"疑"的实效，提炼质疑重点，使学生明确探究学习的纲要，我在 PPT 中采用文本格式首先出示周长的定义，即"封闭图形一周的长度，就是它的周长"，然后引导学生：在这句话中，哪个地方不明白，大胆地提出来！一石激起千层浪，学生思维的火花不停跳跃与碰撞，什么是"封闭图形"？什么是封闭图形的"一周"？怎样测量物体的周长等探究主题一一生成。为进一步体现探究的重点，我又在 PPT 的设计中，将文本里的"封闭图形"与"一周"这两个关键词的下方添加了红色的下划线和问号，通过这一重点标记，既为孩子们提供了清晰的探究思路，又教给孩子们科学的学习方法，可谓是一举两得。

三、信息技术助力探究过程，推动表象形成

概念教学是数学教学的基础，概念不是具体地反映事物的形象特征，而是抽象地反映事物的本质属性。所以，概念教学必须借助直观才能揭示本质，使学生形成表象。

"周长的认识"这节课，学生的探究活动是围绕着探究主题而展开的（什么是封闭图形？什么是封闭图形的"一周"？周长的测量方法）。三个内容的学习，如果光靠语言表述，既不形象又不直观，学生难以理解。因此，我运用信息技术，为学生提供了丰富的、生动的感性材料，帮助学生深入理解"周长"的内涵，形成表象。在探究"什么是封闭图形"时，我在 PPT 中制作了两个不同的图形，一个是缺了口的三角形，一个是完整的三角形，通过动画演示两个图形形成的轨迹，直接对学生造成视觉冲击，两个图形形成鲜明的对比，学生很快完成思维判断，最终得出正确答案，即没有缺口的，边线完整的，四周被封得严严实实的图形才是"封闭图形"。为了巩固学生的学习成果，我在 PPT 中制作了一组图片，是 8 个打乱的封闭图形和非封闭图形供学生判断，从而使学生对"封闭图形"形成了稳固的表象。在探究什么是"一周"时，我制作了三个用红色线条给同一图形描画边线的演示动画，一个是描画的边线超过图形一周的，一个是描画的边线不足一周的，另一个是描画的边线正好满一周的，通过动画的播放，使学生明确：只有从封闭图形的起点开始，沿着封闭图形的边线描回起点的这一圈，才是封闭图形的"一周"。为了进一步巩固学生的认知成果，提高学生对"一周"的准确认识，我又制作了描正方形"一周"的演示动画，即：先标出描的"起点"，再从起点开始用红线演示描的轨迹，最后回到起点。完成演示后在正方形的右边添加了文本提示："从起点开始，沿边线画一圈，又回到了起点，这就是'一周'"。课件图、文、声、像并茂，化静为动，化抽象为具体，直观形象地展示出图形的变化过程和学习者的思维过程，促进了学生对新知的理解与掌握。

总之，在小学数学教学中，信息技术能为学生提供丰富的感知，使学生闻其声、见其形、入其境，为学生呈现了清晰的思维过程，利于表象的形成，并极大地支持了学生对问题解答、逻辑推理和数学观念的探寻与研究。如果说课堂教学是一场思维运动的话，那么信息技术就是这场运动的助力器。

注：此文发表于《中小学电教》（2016.7）

课堂教学无须"花哨"

新课程改革的过程，既是检验、论证、实践教育思想，提升教育质量的过程，也是发现问题、解决问题的过程。新课改不代表对传统教育的完全否定，传统教学中一些精华的东西我们仍需继承和发扬。作为教师要保持头脑清醒，坐下来认真理一理思路，辨一辨方向。

一、忌滥用直观手段

现在，许多教师的教学进入一个误区，认为新课改的课堂就要有多媒体，就要有白板，不利用电教手段就不是新课堂，就赶不上新课改的潮流。其实不然。比如倾听，它是学生重要的学习能力之一，听别人讲话，头脑中会反映出具体的形象，判断出是非优劣、善恶美丑，这是思维的一个快速加工运转的过程。我们上一代人的童年虽然没有那么多的电视、电影陪伴，但是仍有那么多美丽的梦想，那些梦想多半是从妈妈的故事里听来的，从老师的话语中悟到的。现在的孩子们倾听能力弱，是因为看的机会太多，他们不用听，不用想，无须经过头脑加工，就能很轻松地接收到各种直观的图像。有时，看的机会多了，反而使看的趣味和质量下降了，"看"需要揣摩、品味、加工，把外在的信息内化于心，以此再生发出新的感受和思想，这才真正达到了"看"的目的，所以课堂上要忌滥用直观手段，不要让花样翻新的课件迷了孩子们的眼睛，懒惰了他们的思维。用课件之前是否该想想，播放出来的课件是刺激了学生的感官，还是培养了学生的思维和审美？如果只是为了刺激学生感官，让学生有兴趣集中注意力，就再想想别的方法吧，因为那可能会影响学生思维的发展，这种思维恰恰是注意思考的关键。例如在教学"用数对确定位置"一课时，新课部分，我没有利用课件出示教室的座位图，而是就地取材，利用现成的教学资源，引导学生观察、描述教室里学生的实际位置，学生身临其境，从发现问题到解决问题，只一支粉笔、一个老师、一群学生而已，简简单单，轻轻松松，是地地道道的"原生态"课堂，但是，师生学得不亦乐乎，教学氛围其乐融融，难道这不是新改的课堂吗？电教手段固然高超，是提高教学质量的手段，但是，如果滥用，适得其反。

二、忌滥用评价语言

新课改以后，我们有的教师为了所谓"尊重""鼓励"，似乎不敢说真话了，对学生不敢有否定性的评价，只有"很好""非常好""特别好"一类的赞美之词。例如，一位教师在教学《狐狸和乌鸦》一课时，课的结尾，老师为了培养学生的发散思维，提出了这样一个问题：你想对狐狸或乌鸦说些什么？清楚地记得一个孩子说："狐狸很聪明，很轻松地就把肉骗到了自己嘴里，我要向他学习。"结果老师对这个孩子的发言大加赞赏，说他有独特的见解。试想一下，这个被赞美的孩子将来把聪明用在了做坏事上，有多么可怕！语文课标的确强调，要尊重学生个性化的解读，但是，尊重不等于顺从，一旦学生的理解与正确的人生观、价值观、世界观相悖时，教师要做好认知的正确引导，是非曲直是要明辨的，该判"×"的时候千万不能心太软，否则就会把学生引入歧途，所以，新课堂教师要禁忌不负责、没理性的评语满天飞。

三、忌"热闹"

新课堂教学要切合实际，不能过分地追求形式。新课程改革倡导课堂教学的形式要灵活多样，在实践中我们的确看到，教师通过创设教学情境引导学生积极参与学习活动，确实调动了学生的积极性，但是，过分地追求形式显然是片面的，有的教师不管问题的深浅难易，一律让学生合作、探究；不论什么样的教学内容，一律运用多媒体课件展示；不论教学内容是否需要，都让学生表演；不论教学内容多少，都过分进行拓展等等，教师提问"妙语连珠"，教学课件"无缝对接"，教学内容"环环相扣"，课堂气氛表面看是热热闹闹、轰轰烈烈，但仔细推敲，一节课下来学生究竟学到了什么？为了增加课堂教学的知识量，呈现更多的知识点，教师舍不得时间指导学生看书，吝啬学生动笔计算，剥夺了学生安静思考的时间，整节课下来，学生习得的东西几乎都是"听"来的、"灌"入的。我们教师一定要清楚地认识到，这样的教学方式因为缺少给学生安静的思考空间，必定使课堂教学变得肤浅；因为缺少给学生安静的思考空间，必定使课堂教学效果大打折扣；因为缺少给学生安静的思考空间，必定影响学生良好思考习惯的形成；因为缺少给学生安静的思考空间，我们所期望的素养难以形成，必定直接影响了学生的发展。诸葛亮在《诫子书》中说道："夫学须静也"，意思是说，学习必须静心专一，在安静中认真思考、主动建构是学生获取深刻、理性知识的有效途径。课堂教学的形式固然是重要的，但是形式再重要也应为教学内容服务。作为教师，应该为学生创造静心学习、静心思考的时间和空间，让学生在静中学会深思，在静中学会探究，在静中养成良好的学习习惯。

课堂教学是"教"与"学"的统一，不是表演，也不是作秀，所以，无须"花哨"，坚持以人为本，遵循教育规律、遵循学生身心发展规律，凸显学科特点、彰显教者魅力的课堂教学才是真教学、真改革。

语文教学要有"情"

我们都说文字的背后是有温度的，而温度来自于情感。情感是语文学习中理解和表达的心理基础。发挥好语文教学中的情感作用，不仅对激发学生的求知欲，增强学生的学习兴趣具有积极的作用，而且对培养学生的语文素养具有积极的影响。

一、动情

语文教师在教学中自己首先要入情。当有"遇到一丛野菊花而怦然心动的情怀"。教师要走入文本，善于捕捉作者的情感，善于解锁作者的情感密码，将文本内容表达的情感与自己的情感融为一体，与文本同呼吸共命运。所以，教学《一夜的工作》时，我被周总理的伟大人格深深感染，一种对伟人的敬佩之情油然而生；教学《一面五星红旗》时，从头到脚被青年的爱国精神所融化。其次，教师要入境，要将自己的情感融入课堂，参与学生的学习，与学生、与文本同悲同喜，同笑同泪。不要冷漠教学，不要游离于课堂之外，也不要装腔作势、无病呻吟。在教学《十里长街送总理》时，我表情凝重，眼含泪花，与孩子们一同沉浸在悲痛之中；教学《把铁路修到拉萨去》时，我与孩子们纵情歌唱《天路》，在歌声中体会建设者们的坚毅、勇敢和智慧。

语文教学是一门语言的艺术，生动形象的语言是开启学生心灵之门的"金钥匙"，能收到"音美以感耳"的效果，因此教师的语言也要有激情，使学生在充满情感的语言世界中理解、感悟文本，提升语文素养。一个没有激情的语文老师的语言只能是冷冰冰的，苍白无力的，如同一杯白开水一样淡而无味，学生听来也必然是没有兴致，味同嚼蜡。这样的语文课在学生的心田上留不下任何的印迹，自然调动不起学习的主动性。

二、激情

课堂教学要充分发挥学生的主体作用，创造合适的教学情境，激活学生的情感细胞，引导学生主动参与、乐于探究，在自主的活动中理解、感悟、运用知识，提升语文综合素养。例如，课文《北京亮起来了》描绘了我国首都北京灯火灿烂的迷人夜景，展示了北京这座文化古城在改革开放以来发生的巨大变化，表达了作者对首都北京的热爱、赞美之情。如何让远离北京的学生去体验作者热爱北京的情感，体会改革开放给祖国带来的巨大变化呢？首先，我通过多媒体展示了首都灯火灿烂的夜景；然后，我又把广州、上海美丽的夜景展现在孩子们的眼前；最后我引导学生把自己家乡的巨变介绍给大家。孩子们饱含着对祖国、对家乡的无比热爱，欣赏着、赞美着……这样，孩子们在感悟作者情感的同时，自己也被感动了。

白居易说："感人心者，莫先乎情，莫始乎言，莫切乎声，莫深乎义。"朗读可以让文本所蕴含的情感升温，学生在有感情朗读过程中，与文本产生共鸣。因此，课标明确指出："要重视各个阶段的朗读"。教师要指导学生有感情朗读，做到激昂时，昂扬动情；委婉时，绵声细语；愉悦时，轻松明快；凄凉时，哀婉低沉。使学生"在读中有所感知，在读中有所感悟，在读中培养语感，在读中受到情感熏陶"。

三、惜情

"阅读是学生的个性化行为，不应以教师的阅读代替学生的阅读实践。""要珍视学生的独特感受、体验和理解。"每个学生都是一个鲜活的个体，他们有自己的思考和看法，有自己的审美观和褒贬取向。高明的语文教师总会调动学生的情感，让他们倾注情感学习，以期收到最佳的学习效果。要做到这一点，教师就要鼓励学生谈出自己的观点和看法。多让学生进行课堂讨论、交流，允许学生保留自己的看法，并作正确的引导。"让学生在主动积极的思维和情感活动中，加深理解和体验，有所感悟和思考，受到情感熏陶，获得思想启迪，享受审美乐趣。"

情感只能用情感去触摸，情感只能用情感去领悟，情感只能用情感去交融。……语文课脱离了情感，就是麻木的、冰冷的、僵化的，语文就失去了生命的底蕴。所以，作为语文教师，我们要用自己的热情、激情去唤醒语文课堂，让语文课堂激情四射。

走进情境课堂

当了 18 年的老师，教了 18 年的语文课，然而最让我和孩子们头疼的还是上作文课，尽管每次作文课我在选材、立意、布局谋篇、遣词造句上煞费苦心，可是孩子们仍旧"谈写色变"。

2014 年 9 月 12 日—22 日，我参加了在南通举办的国培。南通是情境教育的发源地，在学习期间，我有幸与著名儿童教育家、情境教育的创始人李吉林老师见面，并且聆听她的讲课。情境教育的研究至今已经走过了 36 年的探索历程，今年被评为全国基础教育成果特等奖。我想，情境教育之所以能永葆生命的活力，那是因为它的价值一直被大家所认可。十天的学习，让我与情境教学有了零距离的接触，我深切感受到情境课堂的魅力与风采，我因"情"而动。

一、创设情境，进行语言片段训练

还记得南通学习结束后，重新返回班级的情景。那天早上，我去得特别早，当我轻轻推开班级门的时候，我发现孩子们一个都没有来，正当我愣神的时候，孩子们不约而同地从桌子下面冒出来，"吴老师好"，"吴老师我想你了"，"吴老师我做梦都梦到你了"……一场热烈的拥抱之后，我拿出了从南通带来的麻糖和云片糕对孩子们说："孩子们，看老师给你们带什么了？"之后，又是一阵欢呼，他们一边吃一边听我给大家介绍南通之行的见闻。孩子们吃着、听着、笑着。趁着孩子们正高兴，我说："欸，刚才你们怎么钻到桌子下面去了？"孩子们兴致可高了，他们有的说："早就知道您今天要回来，所以我们今天来得特别早，当我们听到您的脚步声时，班长说'赶快藏起来'，我们就钻到桌子下面去了，我们想用这种方式欢迎您回来。"有的说："吴老师您瘦了，一定是学习累的。"有的说："一定是老师想我们想的。"还有的说："一定是老师不适应南方的环境……"我们班的小莫说："老师你看云片糕，白白的，薄薄的，上面还沾着砂糖，真好吃！我让妈妈在网上多买一些。"小琪在一旁却说："我才不让妈妈买呢，等我长大了，就考南通的大学，到那时，我给吴老师买好多好多的云片糕……"听着孩子们纯真的话语，一种幸福的暖流涌上心头，同时我也暗暗为自己高兴，因为我悄悄地为孩子们上了一节语言训练课。

二、引入情境，丰富作文题材

我班的学生刚刚进入三年级，作文属于起步阶段，孩子们常常为没有题材可写而感到苦恼，南通回来后，我们的作文进度正好到了第四单元，内容是写自己的发现，这是八个作文训练中最难写的一个，让孩子们有事可写才是最重要的。

那天天气晴好，中午吃过午饭，孩子们还在教室里看书，我看着窗户上爬来爬去的瓢虫，对他们说："孩子们，咱班来客人了。"孩子们一惊，向门口看去，门口一个人也没有，我顺手指了窗户，"在那里呢"，我神秘地说，孩子们才恍然大悟，"还不把客人请到你的座位上去？"孩子们听我这么一说，高兴极了，纷纷从窗户上取下瓢虫，大家三个一伙两个一串尽情地玩起瓢虫来，我也参与其中。

下午，我讲了法布尔的《蜜蜂》一课，介绍了该篇课文的写法，晚上我布置了关于《瓢虫的秘密》的作文，第二天孩子们信心满满地交上了作文，有的孩子在作文中写道："以前我以为瓢虫都是七颗星呢，没想到还有一颗星的，二颗星的，十一颗星的，还有没有星的……原来瓢虫的家族这么庞大。"有的写道："原来，装死是瓢虫自我保护的本能，没想到这么小的虫子竟然有如此大的智慧。"还有的写道："这个家伙，散出来的怪味，熏得头疼，我赶紧对它下了逐客令。"

看着孩子们精彩纷呈的作文，我不得不感叹情境教学的魅力。

三、运用情境，教会孩子学以致用

以前孩子们的病假、事假都是家长们代请的，南通学习回来后，我重新定了规矩：凡是请假的同学都要事先写请假条告知我，如果来不及写的，事后也要补上。在平时的学习生活中，我发现有的同学借东西不按时归还，他们也常常为此事闹纠纷，公说公有理，婆说婆有理的，弄得我也难以分辨谁对谁错，我就教他们写借条，刚开始的时候，孩子们的兴致特别高，就是借一块橡皮也要写欠条，我想，不能因为写借条让孩子们失去了人与人之间最起码的信任。后来我跟他们这样说，写借条是为了保护借方的利益，不写借条那是守信的最高体现。渐渐地，孩子们在践行处事规则和道德观中养成了良好的习惯。

当然，这仅是初步的尝试，将来随着年纪的增长我还要教孩子们写通知、写板报，为他们夯实受用一生的学识。

四、凭借情境体验，为孩子创造幸福的童年生活

有位专家说过这样一句话：孩子们的幸福像沙漏一样漏掉了。孩子们的幸福在哪里？我想，应该在当下，所以我们要为孩子们创造幸福的童年生活。由于我班孩

子大多都在县城里住，可以说整日过着"十指不沾泥"的生活，农村的孩子现在接地气的也少之又少。因此，我有一个打算，那就是明年在我们班级开展一个以"童年 校园 落花生"为主题的体验活动。下面是"校园 童年 落花生"体验活动的初步构想

"童年 校园 落花生"综合实践活动设计

地点：班级

道具：花盆，黑土，花生种子

参加人员：全班师生（小组为单位）

一、春之梦

创作方面：《种子的梦》《我和苗儿说句悄悄话》《小花生成长记（一）》

音乐方面：《小雨沙沙》《劳动最光荣》

美术方面：《我给苗儿画个像》

二、花开的日子

文学创作方面：

《花露丝雨》《花儿朵朵》《小花生成长记（二）》

科学方面：《我是农业小技师》

美术方面：《花儿与笑脸》（我给花儿照个相）

三、秋之实

《收获节》《花生知多少》《评选花生王》《最大的花生送给谁》《分享》《花生贴画》《我和花生有一

个故事》《小花生成长记（三）》

品读《落花生》

我想，当孩子们长大以后，回忆起小学生活时，他们能记起的并不是哪一个知识点的学习，而是当年他曾经获得的快乐与幸福。

十天的国培，它不仅让我的教育视野变得更加开阔，也让我的课堂染上了一个"情"字，我愿意用我的热情换取孩子们学习上的激情，我愿意用我的真情陪伴孩子们度过每一个四十分钟。如果让我用一个词来概括这次南通学习的话，我想，那应该是——不虚此行！

浅谈培养学生的反思性学习能力

反思性学习是新课程倡导的一种重要的学习方式。但在目前的教学中，最薄弱的正是反思性学习这一环节。

一、学生反思性学习现状

最近对四年级216名小学生进行了"关于四年级小学生反思性学习情况"的问卷调查，调查结果显示：当前小学生的反思性学习意识非常淡薄，反思能力极低，具体表现在以下几个方面。

（一）主动整理归纳知识的意识较差

调查中发现，现在的小学生能做到课后主动及时温故当天所学知识（当天作业除外）的人数比例不到20%。一个单元学习结束，能自觉独立做到及时复习整理知识的学生人数比例不到10%，绝大多数学生对知识的复习整理都习惯于依赖家长或老师的帮助和指导。

（二）自我检查意识较差

从调查中发现，小学生能做到经常自己检查作业的人数比例是17.9%。学生做作业，老师批改；孩子做作业，家长批改或是辅导班老师批改，已是司空见惯、习以为常的事了。很多学生作业做完便认为"大功告成"，至于检查作业那是老师、家长的事情，似乎和他没有关系，时间长了，他们自我检查作业的意识和能力消失了。

（三）自我反思能力薄弱

据调查统计，只有12.3%的小学生能够经常对自己的学习过程做总结，而其他学生在学习中还没有总结的意识，更没有反思的习惯。他们不知道该在什么时候反思？反思什么？怎么反思？所以造成了很多学生的学习效果事倍功半。

二、反思性学习的重要意义

我国儒家学说的创始人孔子曾经说过："学而不思则罔，思而不学则殆。"宋代教育家程颐认为："为学之道，必本与思，思则得之，不思则不得也；不深思而得者，其得易失。"一个人如果在成长过程中善于反思，善于总结，扬长避短，那么他一定比有同样经历的人有更加丰硕的收获。新课程的核心理念是"一切为了每个学生的发展"，为了学生的终身发展，培养学生的反思能力是十分必要的。所谓反思性学习，就是"通过对学习活动过程的反思来进行学习。反思是对自己的思维过程、思维结果进行再认识的检验过程。它是学习中不可缺少的重要环节"。当代建构主义学说认为：学习要在活动中进行建构，要求学生对自己的活动过程不断地进行反省、概括和抽象。显然，学习中的反思如同生物体消化食物和吸收养分一样，是别人无法代替的。

三、培养学生学习反思的能力

作为教师，要把反思的权利还给学生，把反思的机会、时间和空间留给学生，要让学生遇疑不慌，处疑不惊，不受时空限制，教师要因疑引疑，设疑质疑，引导并教会学生进行反思。

（一）反思学习行为，培养自我监控、自我管理的能力

学生主要反思自己在学习过程中的行为表现，如反思在调查、收集、讨论、解决问题等活动方面的质量，以及在活动中表现出来的兴趣好奇心、投入程度、合作态度、意志力和探索精神等。

（二）反思思维过程，培养批判优化意识和创新能力

学生通过对课堂中所出现的问题及解决问题的思维过程进行全面的总结、分析和思考，从而深化对问题的理解，优化思维过程，揭示问题的本质，沟通知识间的相互联系，进而产生新的发现。

（三）反思学习疑问，培养主动探究能力

学生在课堂学习和平时的学习过程中，对老师或同学的想法和思路有不同的意见，而又来不及在课堂上提出或深入讨论，或是在学习过程中遇到一些自己无法解决的问题，在课后可以详细地阐述自己的理由，提出自己的见解，并与老师和同学进行探讨。

（四）反思成败，扬长避短，增强自信心

学生把自己在学习过程中的一些优势和弱势进行分析总结，对优势保持、强化，对存在的问题找出合理的改进方法。

四、反思性学习的三种方式

（一）自我反思

自我反思是学生对自己的学习过程、学习结果进行自我评判与分析的一种自我审视的行为，学生在对自我学习进行剖析以后，把自己在学习过程中的一些优势和弱势进行自我分析，对自身的优点提出更高的要求，对弱点提出一些改进措施，督促自己或希望老师提出一些有用的改进建议，帮助自己改正缺点。如写学习日记，记成长记录等。

（二）师生互动

教师通过谈话、写评语、写信的方式帮助学生反思，从而使学生找到解决问题的方法，获得成功的鼓励，得到意见或建议。这种师与生之间的交流互动，不仅加深了彼此之间的了解，更重要的是增进了师生之间的感情，教与学更加和谐、民主。

（三）生生互动

学生之间的互动交流可通过多种形式来表现，召开"说说我的学习经验""帮你解难题"等主题班会，或者召开小组交流讨论会，让学生把自己的学习经验或学习中遇到的困难与同学们分享，其中一些好的学习经验、解题方法、学习心得可以通过学习园地进行展示推广。学生通过这种互评活动，对自身有了更加清楚的认识，能够更加客观地评价自己，同时也学会客观地评价他人，学习他人的长处。学生在互动的过程中，不仅展示了自己的才干，解决了学习中遇到的困难，也培养了人际交往的能力，既学会了学习，也学会了做人。

经过以一段时间的实践发现：学习反思不仅仅是学习者"回忆"或"回顾"已有的心理活动，而且要找到其中的"问题"以及"答案"，反思性学习的灵魂是"提出问题——探究问题——解决问题"。反思性学习的整个过程是学生自主学习的过程，它通过自我认识、自我分析、自我评价，获得自我体验，它是建立在学生具有内在学习动机基础上的"想学"和建立在学生意志努力基础上的"坚持学"。反思性学习以"学会学习"为目的，既关注学习的直接结果又关注间接结果，即学生眼前的学习成绩和学生自身未来的发展，反思性学习不仅要完成学习的任务，而且使学生的理性思维得到发展。在反思性学习中，在师生、生生互动中，会不断有新的意识、方法涌现，使学习过程处于"活"的态势下，学生能够在"接受和产生，生成和探究"的思维碰撞中实现对自身的"重组"和"刷新"，实现了再创造。

参考文献：【百度文库《反思性学习的重要性》】

如何构建充满生机与活力的生命课堂

——浅谈课堂教学的"四动"

新课程改革犹如缕缕春风，向我们大声呼唤有生命力的课堂，笔者认为，一个充满生机与活力的课堂要有"四动"。

一、主动

传统的课堂教学以应试为目标，仿佛一潭死水，波澜不兴，由于学生消极被动地接受知识，其所学的知识不仅没有生命力，也不可能转化成人的智慧，结果他们的思想越来越僵化，无创造性可言。因此，作为学生学习的促进者和引路人，必须让学生主动参与到学习活动中来。

头脑不是被填满的容器，而是需要点燃的火把。"兴趣是最好的老师"。浓厚的学习兴趣可以使学生产生强烈的求知欲，从而具有敏锐的思维力、丰富的想象力和牢固的记忆力，因此，作为教者必须充分利用各种有效手段（如创设情境，电教媒体，操作学具，演示教具等），调动学生视觉和听觉的积极性，激发学生的学习兴趣，使学生由"要我学"转变为"我要学"，真正让学生因趣而动，因动而学，从而表现主动求知、主动审美的欲望，最终达到主动发展的目的。

二、能动

随着社会的发展，终身学习已经成为每一个人能够生存发展和有所作为必不可少的条件，终身学习需要具有可持续学习的能力，具备可持续学习的能力是现代社会高素质人才的基本素质。学生有了主动学习的欲望，并不等于他们会学和学会，还要看学生在课堂上能否进行自主设计、自主尝试、自主领悟、自主质疑、自主反思，最终实现高效的自主学习，因此，要求教者必须教会学生学习，使课堂教学由传统的"教书"转变为具有实际意义的"教学"。在课堂中，教师不仅要引导学生亲历知识的发生、发展过程，还要帮助学生反思知识的获取过程，让学生在反思中悟出知识的来龙去脉与知识间的密切联系，悟出获取知识的方法与策略，使学生真正获得更可贵的学习方法，进而提高学生学习的能力。

三、全动

应试教育下的课堂，教师只对出类拔萃的学生感兴趣，而冷落了后进生，造成了优等生自以为是，骄傲自满，后进生灰心丧气，对学习失去信心的不良后果。新课程改革的核心理念是"一切为了每一位学生的发展"。学生是学习和发展的主体，教者必须根据学生身心发展的特点，关注学生的个体差异和不同的学习需要，爱护学生的好奇心和求知欲，好的教者特别重视学生主体地位的发挥，把后进生看成"发展中公民"，享有优先发言权，把中等生看成"主力军"，享有充分发言权，而把优等生看成"优势公民"，享受组织讨论、归结补充的权力，从而达到"上不封顶，下能保底，中间吃得饱"的最佳效果。

四、生动

一个生动的课堂能使学生思维活跃，乐在其中，甚至终生难忘。教者只有通过创设情境，激发学生求知欲，联系生活，才能增强学生体验；教者只有讲究用语艺术，营造民主宽松的课堂氛围，才能使课堂高潮迭起，激情荡漾。因此，教者必须自觉提高自身修养，丰富知识底蕴，扩宽视野，不断提升教学艺术，充分展现个人魅力与风采，才能创设妙趣横生、魅力四射的课堂。

总之，在全面推行素质教育，实施新课改的今天，作为教者应始终坚持以人为本的教学观，让学生在开放而有活力的课堂中主动学习，自由发展，努力完成时代赋予我们的使命。

注：此文发表于《吉林省教育学院学报》（2009.5）

"简约"课堂之美

殿堂居室四壁雅淡，清水木器，朴素大方，美妙叫绝，谓之"简约装饰"；陶渊明"采菊东篱下，悠然见南山"，饮食清淡但精神饱满，深居简出但气度非凡，谓之"简约生活"；课堂上，静水流深，水到渠成，返璞归真，谓之"简约教学"。2016 年 5 月 11 日至 13 日，在县名师办的带领下，我荣幸地参加了"全国中小学名师工作室发展实践研究专家委员会教学艺术与研究成果交流现场会暨专家委员会委员徐长青工作室简约教学成果 7 周年展"短短三天的学习时光，我与简约课堂有了零距离的接触，我被简约课堂的魅力深深吸引。

一、感悟"静水流深"之美

"水"，乃生命之源。虽视之无色，嗅之无香，不染芬华，却滋养万物，在清澈与温润中蕴含真诚与气度，这也正是简约课堂的真谛之所在。中国有一个成语叫作"静水流深"，意思是，在平静的水面下可能潜藏着不可预知的波涛世界。而简约课堂就是要在看似简单平淡的课堂中开发学生潜藏着的巨大的发展潜能。记得徐长青老师在讲授"解决问题的策略"一课中，他先让学生闭眼倾听撕拉纸张的次数，再判断撕拉的结果，学生根据相同的信息得出了不同的答案。可谓一石激起千层浪。在学生假设失败时，徐老师并没有即刻出示问题的答案，而是鼓励学生知难而退，以退为进，退到事物的原点，学生思维的火花不停地跳跃与碰撞，从头再来，总结出事物的规律，得出解决问题的策略，学生获得了成就感。因此，学生学习潜能的开发，需要教师构建一种富有意境，启人思维，荡漾灵感的课堂，这种课堂不需要刻意雕琢，不需要粉饰奢华，不需要作秀浮躁，在简单的教与简单的学的过程中，沉淀出深刻的文化内涵。在简约课堂中，教师不是飘荡的浮萍，而是一颗激起千层浪的石子。真正走进学生的心灵，查其言，观所色，导其思，解其惑，注其目，扬其长，让静水下的思维涌动起智慧的波涛。

二、感悟"水到渠成"之畅快

中国还有一个成语叫作"水到渠成"。意思是：水流到的地方自然形成一条水道。比喻条件成熟，事情自然会成功。简约课堂要求教师首先做到教学内容上的"约取"，这里的"约取"不单指少取，更指慎取、精取，即所谓取其精华，去其糟粕。简约课堂还要求我们给予学生一种简单性的课堂教学结构，而这种结构是基于学生的基础知识、基本经验的基础上建构起来的。简约课堂更要求教师在参与学生的学习时，能因势利导，雪中送炭，或推波助澜。即于无向处指向，于无法处教法，于无疑处激疑，于无力处给力。其实在座的我们在教学中何曾不追寻这种简约的教学风格。记得赵雅坤老师在讲授"周长"一课中，当她问道什么是封闭图形时，学生茫然不知所措，在学生心欲求而不得，口欲言而不能时，赵老师利用手势一开一合，学生豁然开朗。还有辛素兰老师在讲授"轴对称图形"中，辛老师恰当借助媒体，引导学生从点到线，从线到面，引导学生观察轴对称图形的特点。这不正是我们所追寻的课堂吗？简单明了，厚积薄发，既无喧嚣，也无华丽，如行云流水般的自然与美丽。

三、简约课堂不简单

"简约"并不是简单的压缩和简化，相反，它寓丰富于简单之中。观而有选，取而有择，用而有智。简不失其华，约不减其色。关注差异，传递智慧，妙趣横生，回味无穷。于海峰老师的那节《平均数》至今让我难以忘怀。他在引导学生认识平均数以后，带领学生做了两道练习题：一道是：中国男性的平均寿命是71岁，王爷爷今年70岁了，当他看到这条消息，泪流满面地说：我只能再活一年了。谁来劝劝王爷爷？另一道是：海峰老师出示一组关于动物和人类孕期和抚养期的数据，当孩子们读完这组数据后十分震撼，于老师马上追问：孩子们，你们有什么感想？孩子们纷纷表达对母亲的感恩之情。然后，于老师说，这个星期天就是母亲节，建议大家把今天的收获作为母亲节的礼物送给妈妈。海峰老师巧妙地设计，不仅让孩子们深刻认识平均数的意义，了解它的应用，而且渗透了情感教育，他的教育不是牵强的，是润物无声的。我想，多年以后，孩子们也许并不记得哪个知识点的获得，但是当年课堂的那一份感动仍然能够拨起记忆的琴弦。简约课堂不简单。它要求教师努力创设简捷的情境，提供简要的内容，探索简化的过程，渗透简朴的方法，采用简明的评价，优化简单的媒体，点燃学生的探究激情，陪伴学生的感悟成长。科学设计教师、学生、教材之间的互动探究活动，有效挖掘探究的深度，让学生敢于提问，合理拓展探究的广度，让学生善于合作，灵活选择探究的角度，让学生勤于思考，分层设计探究的梯度，让学生勇于创新，让学生的智慧在思考中酝酿，在阐述中闪烁，在争辩中凝聚，在共识中升华。简约课堂是生动、真实而关注差异的，是生动、灵动而追求创造的，是简单、智慧润泽生命的。

就让简约之美呈现在我们的课堂里，绽放在学生的笑脸上，凝聚在我们至善、至美的心灵中。

加强数学语言表达训练，提高数学思维能力

语言是思维的工具，也是思维的外化。数学语言是数学思想的表现形式，是进行数学思维和数学思想交流活动的主要工具。数学语言的训练是数学教学中一项重要的训练内容，重视学生数学语言表达能力的训练，是

提高学生数学思维能力的有效手段。

一、数学语言表达是知识建构的外化

数学语言表达和知识的形成是不可分割的。学习知识是大脑把通过各种感官接收的信息经过加工、整理，逐步内化，而语言的表达则是知识形成过程的外显。如在"三角形面积"的教学中，教师引导学生动手操作，当学生接收到这些信息后，大脑开始积极地思维，并通过外部语言和学习伙伴进行探究、交流。同时，内部语言也不断组织整理，逐步在头脑中得出结论，即两个完全相同的三角形能拼成一个平行四边形，拼成的平行四边形的底等于三角形的底，高等于三角形的高，所以，三角形的面积等于底乘以高除以 2。在教学中，教师要通过学生的语言了解学生知识形成过程和掌握程度，然后根据学生语言表达、反馈的信息安排下一步的教学计划。学生讲得有条有理、准确完整，说明他对新知识掌握得牢固；如果只知其然，不知其所以然，或者语无伦次，则说明他对新知识掌握得不够扎实，甚至遇到了学习障碍，或者是误入歧途，有待于进一步理解。通过数学语言表达的训练，可以使数学概念更清晰，算理更清楚，知识的内在联系更具有逻辑性，从而使学生分析问题和解决问题的能力得到逐步提高。

二、数学语言是数学思想交流的工具

随着新课改的深入进行，学生的学习方式也有了很大的变化，"自主探究、合作交流"已经成为数学课堂教学的主流。没有语言上的交流，就没有思想的碰撞，没有语言交流的课堂，是思想僵化凝固的课堂。长期以来，数学教学中，数学语言的训练没有得到足够的重视，很多老师对数学语言表达训练地位存在片面性认识，认为语言表达训练应专属于识字、阅读、写作教学，而忽略了数学语言的训练，影响了学生数学思维能力的提高和发展。一些学生由于数学语言表达能力较弱，课堂上对数学语言信息的敏感度差，语言和思维之间的转换不流畅，反应显得缓慢，从而造成数学知识接受、处理困难，如，在小组交流时，有些学生"茶壶里煮饺子——有口倒不出"，即使被迫发言也是吞吞吐吐，表述自己意见时，语言啰唆、词不达意、条理不清，久而久之，产生数学课上交流的障碍。教学实践表明，数学语言发展水平低的学生的数学理解力也差，以至随着年级的增长在解决数学问题上出现了重重障碍，所以，数学思维的发展是离不开数学语言的同步发展的。

三、加强数学语言表达能力的培养

培养学生良好的数学语言表达能力，我们教师要以身示范，要做到"三说"和"三不说"，即不说没条理的话，不说啰唆的话，不说错话，要说简单、准确的话，要说严密、逻辑性强的话，要说流利的话。根据不同的数学内容要有侧重点进行数学语言训练，要教会学生倾听，学习别人语言表达的长处，也要重视学生语言表达，针对学生的语言表达情况，教师要做及时的肯定、鼓励，或纠正、引导、补充，使学生的数学语言表达逐步规范、准确、条理清楚。

教师还要给学生提供表达的机会。首先是自述自听，这种形式训练的面广，大家都可以说，使全体同学都有机会表达自己的想法，也可以清除一些学生不敢当着全体同学表达的害羞心理。其次是同桌互说互听，两个学习伙伴之间有说有听，有修有改，相互借鉴，相互学习。再者是指名说全班听，为学生语言表达提供了一个展示的大舞台，一个数学思想交流的大平台，在积极的评价中，学生之间无论是在语言表达方面，还是在知识建构方面，都能做到扬长避短，相得益彰。同时，也给教师提供了了解学生对知识掌握程度的机会，有利于教师对学生进行适时的引导和启发。

现代心理学、教育学认为，语言的准确性体现着思维的周密性，语言的层次性体现着思维的逻辑性，语言的多样性体现着思维的丰富性和灵活性，语言和思维相辅相成，在数学教学的过程中，应充分利用各种机会，采取不同的形式，应用科学方法，加强对学生数学语言表达能力的训练，从而培养和提高学生数学思维能力。

信息技术与"五元"课堂有机整合

"周长"这节课是人教版小学数学三年级上册中的内容。在本节课教学中我科学地融入了"疑""探""展""评""用"五个元素（简称"五元"），并将信息技术与课堂教学有机整合。五个元素既相对独立，又相辅相成；信息技术化静为动，化抽象为具体，为课堂教学助力，从而构建了一个和谐、民主、高效、发展的数学课堂。

"疑"

在这一环节中，"周长"这个词是一个抽象词语，隐形于生活之中，为了便于学生的学习启动，我从生活出发，选取了学生熟悉的校园照片，为了进一步突出课题的引入，在 PPT 设计中给照片加一边框，通过边框颜色的变化强化学生对边框的认识，从而通过白板的演示实现主题的顺利导入。质疑、补疑、梳疑是整节课活动的出发点，为充分发挥这一活动的实效，提炼质疑重点，使学生明确学习探究的纲要，在 PPT 中采用文本形式出示"封闭图形一周的长度，就是它的周长"，为进一步体现定义的重点，便于引起学生的注意，在 PPT 的设计中，将文本中的"封闭图形"与"一周"下方添加红色的下划线与问号提示。通过这一重点的标记提示，学生的探究思路就会与本节教学内容的重点相符，"什么是周长？什么是封闭图形？什么是封闭图形的一周等探究主题一一生成。学生的思维火花不停跳跃与碰撞，实现问题共享。

"探"

本节课的课堂学习过程是为了解决学生的疑问而展开的。本节课探究学习的内容共有三个，即探究什么是封闭图形；探究什么是封闭图形的"一周"；以及探究周长的测量方法。这三个内容的学习如果光靠语言表述的话，不直观，学生难以理解，而通过与信息整合，通过 PPT 的直观演示，学生一目了然，水到渠成。

在完成"什么是封闭图形"这一学习任务中，我在PPT中制作了两个不同的图形，一个是缺了口的三角形，一个是完整的三角形，通过 PPT 演示，直接对学生造成视觉冲击，形成鲜明的图形对比，完成学生的思维判断。得出正确答案，即没有缺口的，边线完整的，四周被封得严严实实的图形才是封闭图形。为了巩固学生的学习成果，强化对此知识的理解，进行了封闭图形的判断练习，这一学习活动通过 PPT 直接演示是最好的办法，我制作了一组 8 个图片，分别是 5 个封闭的 3 个不封闭的图形供学生直接判断。

在完成"一周"这一学习任务中，制作了在同一图形用红色线条沿边线画线的三个演示动画，即一是超过图形一周、二是不足一周、三是正好满一周三类图形动画。通过动画的播放，使学生明确：只有从封闭图形的起点开始，紧紧沿着封闭图形的边线描回起点的这一圈，才是封闭图形的"一周"，为了进一步巩固学生的认知成果，提高学生对"一周"认识的准确度，又制作了一个正方形一周的动画演示。标出画的"起点"，从起点开始用红线演示，最后回到起点，完成一周的正确演示，并在图形的右边添加了文本提示"从起点开始，沿边线画一圈，又回到了起点，这就是一周"。

在完成"探究周长的测量方法"这一学习任务中，分两个方面进行操作。一是规则的图形的测量方法学习，为解决这一学习任务，我制作了一个三角形一周的测量，标出三角形三条边的长度。边线是直线的图形周长测量难度小，学生通过图形的提示就可以探究出测量的方法；二是不规则图形一周的测量，这一学习内容是本节课的难点问题。为了抛砖引玉，突破教学难点，在自探与合探中，引导学生通过软线围绕、拉直测量的方法进行，因此我制作了"叶子的一周长度测量"的PPT演示，这个演示的过程是展示图片"叶子"与问题、红线模拟软线围绕叶子一周及红线拉直在直尺上进行测量。这样的直观演示使抽象化的知识直观化、简单化，呈现了清晰的思维过程，促进了学生对问题的解答、逻辑的推理和数学观念的形成。

"展"

学生将自探、合探成果利用展台进行展示，教师相机指导，取长补短，实现成果共享。

"评"

通过学生评价学生，教师评价学生，学生评价教师，培养学生的求异思维，实现师生智慧共享。

"用"

即学以致用。学生通过测量实践活动，实现对周长认识的第二次飞跃。同时，增添了成就感，实现快乐共享。

总之，本节课教学，疑探是主线，展评是动力，运用是落脚点，信息技术是催化剂，教学中，我充分尊重学生的主体地位，充分发挥教师的主导作用，力求使学生学习数学的自主性、能动性和积极性都能得到更好的发展和提高。

离校不离班，离班不离师

——利用微信平台关注学生假期生活

每年寒暑假，高兴的是孩子们，可是却苦了我们这些做班主任的和家长们。

放假前，班主任对孩子们千叮咛万嘱咐——要好好休息、好好写作业、好好锻炼、注意安全……过一个有意义的假期。之所以这样苦口婆心，那是因为我们害怕经过几十天的假期，有的孩子"零成长"，甚至产生了"负成长"。作为老师，我们多么希望开学的时候，家长交到我们手中的是一个更加健康、更加充满活力的孩子。

作为家长，他们这几十天的日子也并不好过，由于忙于工作等原因，绝大多数孩子的父母不可能天天陪伴在孩子身边，即使有长辈、亲朋照管，也只能保证物质方面的需要，其他方面基本上是无力顾及，因此大多数孩子处于无监管的状态。往往这种时候，孩子们必要的学习不但保障不了，而且也会出现极大的安全隐患，有的甚至给家庭和社会带来了不可挽回的伤害和损失。

随着时代的发展，科技的进步，智能手机已经走进了千家万户，也走进了孩子们的生活中，但是，由于一些家长监管不到位，特别是假期，有的孩子天天沉迷于网络世界里，严重影响了孩子的身心健康。作为教师和家长，我们都希望能有一种"离校不离班，离班不离师"的假期，解除我们教师和家长的后顾之忧。

手机微信以沟通互动及时、便捷，声、文、图、像并茂的特点赢得了人们的青睐，其中也包括中小学生。笔者尝试利用微信平台带领学生度过一个安全、有意义的假期，收到了较好的效果。

一、搭建一个沟通、互动的交流平台（小微信，大课堂）

沟通、交流是学生必备的学习能力和生活能力。因此，培养儿童的沟通、交流能力是为儿童发展打基础，为未来做准备。儿童有他们自己的世界，自己的语言，自己的表达方式，利用手机微信可以为他们搭建一个合适的沟通与交流的平台。每个假期，我都会给孩子们布置一定的学习任务，并且定期在微信群里检查。假期里的班级微信群变成了学生、教师和家长学习、研讨的大课堂。我鼓励孩子们在微信群里交流学习情况，大胆提出质疑、困惑，勇于探索、钻研，善于交流独到的见解、别具匠心的观点，在民主、和谐的交流氛围中，孩子们畅所欲言，各抒己见，各种表情包也纷至沓来。有时感兴趣的家长也参与其中，或指导，或请教，或静观，每天班级微信群里其乐融融。　孩子们通过交流，取长补短，提高学习能力和交流能力，也增长了智慧，增进了友谊。家长们通过微信平台，可以及时了解孩子在家的状况，作业完成进度，以便及时督促。通过微信平台上孩子们的互动情况，老师可以对每个孩子在家的学习情况了然于心，对于离"群"的孩子可以及时帮助和召唤。

二、搭建展示自我的分享平台（小微信，大舞台）

　　乐于表现，喜欢展示自我是孩子们积极成长的天性。班级微信群就是他们展示自我的舞台和天地。在这个平台上，人人都有机会，人人皆是主角。在这里，我们可以看到孩子们妙笔生花的作文，奇思妙想的小制作，栩栩如生的绘画作品，丰富多彩的生活照片，还有精彩纷呈的微视频等等。孩子们展示的作品，在发送前必定是经过仔细加工，认真琢磨的，对于他们来说，展示给大家的每一件作品，他们都是用过心的。那么用心的过程就是学习的过程，提升的过程。通过展示自我，树立了展示者的自信心，提高了展示者的成就感，激发了展示者继续提高的积极性。通过展示，实现了成果共享，智慧共享。同时，孩子们展示的作品健康、活泼、积极向上，在展示的过程中，他们也学会了如何文明使用微信。有展示，还要有恰当的评价，作为群里的成员，既是分享者，也是支持者；既是指导者，也是点赞者，大家共同构成一个和谐的共同体。

三、搭建增长见识的视野平台（小微信，大世界）

眼界广者其成就必大，眼界狭者其作为必小，眼界在很大程度上决定了一个人的格局，他的格局又决定了将来的结局。由于孩子们的年龄小，经历少，眼界必定有限。现在的微信内容涵盖天文、地理、人文等等，无所不有，那是一个无限广阔的天地，小微信，大视野，所以可以利用微信平台，带领孩子们认识广阔的大千世界。不久前，孩子们观看了月食，班级的微信群里不仅晒出了多幅关于月食变化的照片，而且有家长还转发了关于月食形成的科普知识，孩子们在这个活动中，既长见识，又长知识，兴趣盎然。班级微信群里时常收到孩子们假期外出旅游、参观的图片和视频，并且配上生动的解说，即使坐在家中，我们的其他孩子也能"目及千里"。每天都会有"小记者"为我们发送当日或近期的新闻，即使足不出户，也能遍知天下事。在孩子们一次次"玩"微信的过程中，要让他们知道，微信不仅仅是传播信息的平台，而且是一个开阔视野、增长见识的窗口。

四、搭建润泽励志的成长平台（小微信，大乐园）

对于很多孩子来说，假期不仅有快乐，还有孤独和寂寞。一首优美的歌曲，一段啼笑皆非、引人深思的笑话，都会给孩子们带来心灵上的慰藉，让他们感受到老师和同学们都在他身边，自己并不孤单。放假时间一长，很多孩子忘记了自己的目标和理想，甚至有的孩子变得萎靡，这时，要为他们送上励志的演讲，发人深省的名言警句，为他们推荐合适的书籍、影视剧，帮助他们寻找安全有意义的体验活动，偶尔也会设计或转发一些既长知识又添快乐的趣味题，通过这些有益的活动，让他们感到自我存在的意义，激发他们意气风发的斗志。通过微信平台的交流，成员之间增进了解，建立和巩固友谊，增强集体的凝聚力。

通过微信互动，拉近了教师与孩子，家长与孩子，孩子与孩子，教师与家长之间的距离。通过微信平台，创造了文明、和谐、民主、平等的交流氛围。假期中，我们的孩子不再处于"失控"状态，他们可以快乐、安全、充实地度过一个有意义的假期。充分利用微信平台的优势，让假期中的孩子们真正做到离校不离班，离班不离师，是新时代教育的又一条有效途径。

让学生编题成为课堂教学的新常态

课堂练习是课堂教学的重要组成环节，是学生掌握知识、形成技能的有效手段。高效的课堂练习对优化课堂教学过程，提高课堂教学质量，拓展学生思维空间，巩固和发展学生的认知结构起着重要的作用。

"五元"课堂，注重营造民主、平等、和谐的人文课堂环境，以学生的积极参与为前提，尤其在"用"这一环节上，倡导学生自主编题，教师把学习的时间和空间再一次还给学生，为他们搭建充分表达自己思想和展示思维过程的舞台。所以，让学生参与课堂练习题的设计和编写，成为课堂教学的新常态。

学生的编题能力不是与生俱来的，需要我们教师精心地培养。培养学生的编题能力，我们教研组是按照"仿编——自编——创编"的步骤循序渐进展开的。"仿编"即培养学生编题能力的初级阶段，在这一时期，教师主要指导学生模仿现成的习题进行编题，这一模仿包括题型上的模仿（如填空，判断，选择等），同时也包括出题形式上的模仿（口头的，书面的，操作的，游戏的）。"自编"是培养学生编题能力的中级阶段，这个时期，教师主要点拨学生编题的技巧。如概念课，填空题要抓住关键词，图形课要以操作和应用为主，计算课要以方法和技巧为主，另外，还要指导学生如何修正编错了的题目。

"创编"即培养学生编题能力的最高阶段，学生能够根据当堂课的学习内容编出题型灵活、内容丰富的习题。教师重在筛选、评价、整理有价值的习题，并且收录成集。

在培养学生编题能力的过程中，我们始终坚持"一个中心，两个基本点"。即以巩固新知，提升能力为中心，以围绕本节课所学知识为出发点，以联系生活，学以致用为落脚点。学生所编之题力求体现"精、广、活、用、趣"的特点。

"精"即设计练习题时，目的明确，从实际出发，针对教学内容和学习伙伴的基础，紧扣教学目标，精编练习题，突出重点，做到宁精勿杂。

"广"即设计的练习题要体现综合性，从而培养学习者综合运用知识解决问题的能力。

"活"即题型活，设计的练习题不拘一格，激发学习者的解题兴趣，同时，也要求编写的习题有多种解答方法，从而培养学习者思维的灵活性。

"用"即设计的练习题要联系生活实际，让解题者在解决问题的过程中感受知识与现实生活的紧密联系，体会知识的应用价值。

"趣"即设计时注重练习题的趣味性，使学习者在愉快中获得知识，提高学习效率。

经过一段时间的实践，我们发现学生编题的空间是很大的。从人员上来说，可以个体单独编题，也可以小组合作编题；从内容上来说，可以针对某一个知识点编题，也可以针对多个知识点编题；从数量上来说，可以编一两个，也可以出较多的题目；从考查对象来说，可以考自己，考同伴，也可以考老师；从难度上来说，可以出容易题，稍难题，也可以出较难题；从答题方式上来说，可以出封闭题，也可以出开放题等等。

在实践中我们还发现，让学生出题，有以下几点好处：一是促使学生对所学内容进一步学习，深入反思和研究。学生编题过程是学生自我提高的过程，同时又是对学生学习积极性一个有力的驱动。二是学生的编题过程是学生对所学知识由内化到外显的过程，教师可以根据学生的编题内容判断学生对知识的掌握情况，并对教学做及时补救，进而实现高效的课堂教学。三是通过学生运用新学知识编题，师生共同解题，从而实现个体智慧群体共享。

我想，学生自主编题的过程，必然是学习者学习意识萌发、学习能力绽放的过程。引导学生自主编题，培养学生的编题能力，应成为课堂教学的新常态。

注：此文发表于《现代教育科学》（2015.4）

创新育人途径　培养合格小公民

　　培养现代化小公民作为实施素质教育的有效载体，已经成为"东辽实验人"的共识。我们深深地体会到，为学生的未来做准备，为他们的发展打基础，就要重视学生的素质培养。为此，我们东辽实验小学在培养学生素质过程中坚持了四个创新。

一、创新德育机制———切从做人开始

　　经过我们探索，学校构建了"八化"德育模式，即目标具体化、内容情感化、途径多样化、方法最优化、手段现代化、评语个性化、活动经常化、运作序列化。学校依据"八化"模式，每年制定切实可行的德育工作计划，从常规工作和开展特色活动等几个方面，把日程安排具体到月份、周次。学校组织德育"八化"模式专题讲座，紧密围绕现代小公民教育这一专题，进一步突出了德育的主动性、针对性和实效性。每逢重大节日，学校均举办主题鲜明的德育活动，如书画展、征文、演讲比赛等活动。2001年，东辽实验小学参加了浙江电视台举办的《中华竞技大擂台》活动，孩子们在活动中感受到，现代小公民就应该有勇敢顽强、坚韧不拔的精神。几年来，学校先后组织了"祖国在我心中""我是合格

小公民"等系列队会,各中队也陆续开展了"让爱充满人间""我的责任是什么"等班队会活动。通过列举生动感人的事例,说体会、谈感想、讲心里话,使孩子们在心灵上产生了共鸣,思想上受到了熏陶和感染。

二、创新课堂教学——小公民教育的主阵地

课堂教学是现代小公民教育的主阵地、主渠道。教师们不仅展示了自身扎实的专业基本功和科研能力,更体现了新课程指导下的新教学观、师生观。费永亮老师的科学课"声音是怎样产生的",把先进的新课程理念体现在课堂的每个细节之中,独特的课堂设计、光彩四射的个人魅力营造了民主平等的课堂教学氛围,赢得了学生的喜爱,学生自始至终都保持着能动、活跃的思维和积极的探究状态。教师最大限度地激活了学生的主动性,学生在动口、动手、动眼、动耳、动脑的过程中,去感受、去发现、去探究声音的奥秘,真正实现了学生自主、合作、探究学习。在和谐、民主的教学气氛中,学生的科学探究能力和创造性思维得到有效开发。像这样的例子举不胜举,李玉环老师执教的语文课《再见了,亲人》,让我们看到,课堂教学不再是单一的知识传授,而是从知识、技能、过程、方法,情感、态度和价值观等多维度去设计,学生成了课堂的主人。学生在美读中感悟文章的思想感情;在自主合作学习中充分发表自己独特的观点和看法。学生思维的灵动、创新意识的萌芽以及思想观念的交锋、人文精神的培养都在潜移默化中悄然进行，可谓是"润物无声"。

三、创新活动课——小公民探索求知的学园

在活动课中，学校坚持"开放、多样、实践、创新"的原则，坚持培养学生的创新精神和实践能力，做到在活动范围上求广、方法上求活、项目上求新、效果上求实、质量上求精。在拓展活动领域上，学校根据学生的兴趣爱好将活动分成四大门类，细化成 32 个小组，定期开展丰富多彩的活动课。走进这些活动小组，你会看到巧夺天工的木艺制作，姿态各异的泥塑，精美别致的布贴画，笔走游龙的书法，色彩缤纷的叶画，还有既具现代气息又具传统工艺特色的剪纸、秸秆画……特别是走进活动课成果展室，仿佛置身于绚丽多彩的大自然之中，天空中的、陆地上的、海洋里的，一件件栩栩如生的作品，折射出孩子们丰富多彩的学习生活世界。这些各具特色的作品充分展示了学校综合实践活动课的丰硕成果。其作品可谓"一花一草皆文章、一招一式显神韵"，学生们在动手实践中体验着劳动的快乐和成功的喜悦。

四、创新校园文化——小公民的精神家园

在校园文化建设上，努力形成显性与隐性有机融合相互作用的序列性校园文化，包括激发梦想的校园歌曲，传播信息的板报、画廊，催人奋进的名人画像，时时刻刻浸润着实验小公民的心灵。同时，充分挖掘一切可以利用的学习资源，创设适应学生不同个性和兴趣爱好的学习环境。学校开放图书室、阅览室、微机室等，让每

一个学生都能找到适应自己发展的天地。学校真正成了孩子们探索求知的学园、生动活泼的乐园、充满亲情的家园和美丽芬芳的花园。如我们充分利用走廊、墙壁等校园空间布置宣传板、抽象画，悬挂条幅，利用校园围墙为学生绘制了歌颂祖国秀丽山河及历代著名爱国诗人的诗篇和画像。文明向上的校园文化为现代小公民教育的实施创设了良好的氛围。几年来，东辽实验小学在现代小公民教育过程中探索、实践，一批又一批现代小公民茁壮成长，通过现代小公民教育的实施，使学生获得了学习愉悦感，树立了学习自信心，得到了一次次锻炼的机会。全校有2名学生被评为辽源市十佳少年；80多名学生在全国、全省少儿书画赛、作文大赛、演讲赛中获奖；百余名学生跻身于县级三好学生行列；600多名学生具有两项以上特长。

学校门前的块块奖牌晶莹闪亮，折射出了东辽县实验小学师生的拼搏精神，一批批现代小公民健康成长，凝聚了东辽实验小学全体教职员工实施素质教育、创办现代一流名校的心血。东辽实验小学正朝着"办现代化一流学校、培养现代化小公民"的目标大步迈进。

注：此文发表于《中小学电教》（2007.7-8）

教学研究篇

基于丰富小学生习作素材的体验活动研究成果

一、课题提出的背景

作文是反映学生语文素养最直观的一面镜子。可是，在对小学生作文情况调查中发现，多数小学生对作文不感兴趣，作文内容存在"假""空""俗"的通病。"病"从何来？据调查，大多数小学生生活单调，根本没有认识世界、感受生活的机会和天地。即使假日有家长带去出行，其间因为没有及时和科学的指导，所得甚少。特级教师毛荣富说："不会体验只说明你生活过，并不表明你拥有生活。"小学生年龄小、生活处于被动状态，经历少、写作内容薄，已经成为不争的事实。

建构主义理论强调，学习是学习者主动构建的过程，作文其实就是学习者用书面语言的形式对体验、经历的重新构建。传统作文教学模式僵化，只注重写作技巧层面上的指导，功利性强，忽视了学生作文与生活的联系，造成了小学生作文构建过程不完整，处于断裂状态。

基于以上调查分析，影响小学生作文不良现状的主要原因就是生活体验的缺失。《语文课程标准》明确指出："写作教学应贴近学生实际，让学生易于动笔，乐于表达，应引导学生关注现实，热爱生活，表达真情实感。"叶圣陶先生说，"一篇好作文应是学生的一种独特体验"。哲学界已经取得共识："21 世纪是体验的时代。""体验"已经成为各学科课程标准中出现的"高频词"。为了改变作文教学现状，将探索以体验活动为载体，追溯学生作文的源头，着眼于习作素材的积累，帮助小学生构建真正意义上完整的作文过程，为此，开展"基于丰富小学生习作素材的体验活动研究"。（以下简称"体验活动"）

二、课题研究理论依据

（一）建构主义理论

建构主义理论认为，学习是情境的，是学习个体自我经验与外在知识相互构建的过程，学习过程是学习者通过意义建构的方式获得知识。开展体验活动，就是为了帮助学生构建一个和谐、完整的作文过程。

（二）儿童认知发展理论

从心理学角度讲，作文必须经历"物——意——文"双重转化的过程，因此，作文教学要遵循学生的心理发展规律，通过开展体验活动丰富学生头脑中的表象，为学生写作打好物质基础。

（三）体验式作文教学理论

体验活动研究依据体验式作文教学理论，重在写作"原点"上下功夫，引领学生走进现实生活世界，解决写作的根源问题，让体验活动成为学生重要的生活，成为学生写作的源头活水。

三、课题研究目标与内容

（一）体验活动的开展路径研究，以及设计与实施策略研究。

（二）丰富小学生习作素材，为常态下的作文教学寻找新的突破口。

四、课题研究方法

第一，调查法和问卷法。

通过访谈和问卷对学生习作兴趣、习作质量等做相关调查，然后加以综合、分析，为课题的确立提供第一手资料。

第二，行动研究法。

结合体验活动的具体开展，探索研究体验活动的路径、设计和实施策略。此外还有个案研究法，案例分析法等，力求研究方法与形式的多样化，从更多的角度、层面为课题研究提供尽可能多的资料、数据和辅证。

五、研究过程

第一阶段——启动阶段（2015.5）

调查班级内学生作文现状并分析成因。综合分析调查统计结果，造成学生作文不良现状的主要原因就是生活体验的缺失。因此，在学校领导的支持下，确立了"开展体验活动提高习作水平"校级小课题研究。后来参加长白名师课题论证会，经过专家指点，课题正式改为"基于丰富小学生习作素材的体验活动研究"。

（二）第二阶段——实施阶段（2015.5——2017.12）

结合体验活动的具体开展，探索体验活动的路径，研究体验活动的设计与实施策略。

（三）第三阶段——总结阶段（2017.12——2018.3）

主要进行过程性资料的整理，分析比较，得出结论，撰写结题报告，进行成果展示。

六、研究成果

（一）探索出行之有效的体验活动路径

主要从体验活动的组织者、活动的时间和空间等维度，探索研究开展体验活动的途径，即：以校园为主课堂、以社会为主阵地、以家校联动为主要渠道的三条活动途径。校园体验活动具有系统性、完整性、主体性、设计科学性、指导及时性的特点。社会体验活动具有空间广阔、时间灵活、内容丰富的特点。家校联合体验活动集中了上述两种途径的优势，突破时空的限制，利于活动的开展，能增强活动的实效性。

（二）形成一套比较科学、有效的体验活动设计与实施策略

1. 体验活动设计策略

注重整合：体验活动主题的设计必须考虑学生、社会、自然的内在整合。例如，在"走进秋天"的体验活动中，孩子们到山间、田野或公园里去找秋天；到餐桌上品秋天；到图书馆、阅览室或互联网上去读秋天；到班上将搜集到的各种资料汇总、整理，然后在班上交流，说秋天；

最后拿起笔画秋天、写秋天，让学生真切感受到人与自然、社会和自我的和谐统一。

体验活动的设计还要体现语文、数学、科学、艺术等学科的内在整合。例如，在体验活动"校园 童年 落花生"之"种子发芽季"中，与科学课相整合，孩子们观察花生种子的发芽过程；与数学课相整合，孩子们学习计算种子的发芽率，与音乐课相整合，孩子们学唱歌曲《小雨沙沙》《劳动最光荣》；与语文课相整合，孩子们创作了童话故事《小花生出世》等等，学生在不同内容和方法的相互交叉、渗透、整合中开阔视野，认识世界，感受生活。

注重趣味：兴趣是最好的老师。只要有了兴趣，就会有敏锐的观察力，牢固的记忆力，良好的思维力。而激发兴趣的最好方法就是活动内容要有一定的趣味性，满足儿童的心理需要，让学生始终保持参与的热情，使他们积极投入到活动中来。例如在"校园 童年 落花生"体验活动中，开展了"我给花生起名字""小花生晒太阳""评选花生王"等一系列有趣的活动，极大地激发和调动了孩子们的兴趣和主动参与体验的热情。

注重内容丰富：体验活动内容涵盖了社会、自然、生活等各个方面，把丰富的校园生活、多彩的假日生活、温馨的家庭生活、四季交替带来的天气景物变化等都作为活动内容。例如，在"粽香端午"的活动中，孩子们通过查阅资料，了解了端午节的由来，在这一过程中，孩子们受到了爱国主义教育。与科学老师一道了解端午节前后的节气情况，认识大自然的规律。通过逛集市，感受节日氛围；通过制作节日挂饰和粽子体验民俗等等，在一系列丰富多彩的活动中，孩子们认识世界，感悟人生，润泽生命。

2. 体验活动的实施策略

（1）注重体验

体验活动以体验为主要开展形式，强调学生的亲身体验，既要注重行为体验，又要注重情感体验。要求学生积极参与到活动中去，在"做""观察""实验""探究"等一系列的活动中，认识世界、热爱生活、学会生活、学会学习、学会合作。

（2）尊重主体

在活动中，学生是活动的主体，教师只是活动的组织者、引导者和合作者。活动中应培养学生自主设计能力，以及自主发现能力与创造能力，让学生的主观能动性得到充分发挥。

（3）重视指导

在活动的指导过程中，坚持做到"四个一"和"一个多"，即引导学生带上一双慧眼去仔细观察，带上一副聪耳去认真倾听，带上一个善思的大脑去积极思考，运用一双灵巧的双手去收集整理，利用多种平台去展示分享。

活动集锦是收集资料的好方法，学生可以将收集的影像资料配以文字说明、描述，整理编辑成册，它强调文与图的内在联系，是利用图与文共同叙述一个完整故事的表现形式。既培养了学生收集整理资料的能力，又促成活动在孩子们头脑中形成表象，是一种看得见的记忆，同时也发展了书面语言文字的表达能力，增强了学生表达的自信心。

动作、表情包是借助影像资料等手段帮助学生提炼重要的人、事、物的有效手段，可以培养学生学会选择典型素材的能力，以及细节描写的能力。

线索回忆，即体验活动结束后，教师给出有关活动中的一幅图片、几句话，或者一个物件等，引导学生进行回忆，学生由一个画面想到活动中的多个画面，想到连续的画面，进而回忆出当时活动的经过，以及重要的人物、事件，培养学生的联想能力。

（三）构建了完整意义上的作文过程，为创新作文教学找到了"支点"

体验活动改变了以往作文教学中只注重由"意"到"文"的技术性转化的错误做法；在学生写作"支点"上下功夫，打通作文与学生现实生活世界的联系，引导学生学会认识生活、感悟生活，学会深刻地体验生活、观察分析生活，以形成个人独特的感悟，抒写对生活的独特看法，帮助学生构建完整意义上的作文过程。叶圣陶先生说："生活如源泉，文章如溪流，源泉丰盈而不枯竭，溪流自然活泼地昼夜不息。" 丰富多彩的体验活动，有力地拓宽了作文题材，使学生作文选材有了广度；

体验活动有利于挖掘作文的主题，使学生作文立意有了深度；多样的活动促进了表现手法的变化，使学生作文技巧有了灵活度。通过开展体验活动，彻底改变"谈写色变"的被动局面，学生的作文内容开始有了质的变化，由研究前的千篇一律、千人一面转变成今日的百花齐放、不拘一格的新局面。

同时，体验活动把学生从封闭的课堂中解放出来，从繁重的课业负担中解放出来，让他们有时间能够亲近自然，走进社会，阅读文化，考察历史，用心灵去感受、去观察、去思考，沟通了作文和生活的联系，丰富了学生的生活和精神世界，为作文教学开创了一片新天地。

（四）个人成果

体验活动研究一年多来，硕果累累。论文《注重学生体验 丰富习作源泉》发表在《吉林教育》2017年第3期上，并且荣获吉林省第十届科研成果三等奖，作文课《寻找生命之美》在吉林省中小学信息技术创新与实践大赛中荣获二等奖，教学故事《谷穗弯弯》获得辽源市一等奖，在大型校园体验活动"校园 童年 落花生"之后，与学生共同整理出长篇童话故事《花生王成长记》。我本人2017年被评为吉林省新一届科研名师。体验活动的研究得到了学校领导的支持和上级部门的重视，县教科所领导亲自带领所里成员前来参观指导。今年4月，代表学校在全县小课题经验交流会上做经验分享。在此基础上，体验活动又进行了深层次研究，《基于提高小学生习作水平的体验活动研究》已经成功申报吉林省基础教育教学研究课题。

七、研究结论

体验活动立足于学生的全面发展、主动发展、个性发展和终身发展，丰富了小学生的生活，充实了小学生的精神世界，丰富了小学生的习作素材的积累，提高了小学生的作文质量和作文水平，同时也提高了小学生综合素养，因此，体验活动不但是作文教学的"支点"，适应作文教学改革的重要举措，而且也是小学生成长不可或缺的生命历程。

八、存在的问题及设想

（一）存在的问题

1. 社会体验活动，缺乏家长的有效指导

由于时空的局限性，加之家长素质、家庭环境等的不同，很多孩子在社会体验活动中不能得到家长及时、科学、有效的指导，（体验馆除外）体验活动失去了实效性。

2. 活动的时间安排具有一定的难度

每次体验活动，尤其是校园体验活动，基本都是利用午休时间，没有具体的课时分配，活动时间相对紧张。

（二）展望

希望体验活动能作为校本教材的一部分，在部分年级，尤其是作文起始年级推广，让更多的孩子和老师受益。

2017 年 11 月 28 日

"无名草"教学实录

一、巧设情境

师：孩子们，你们看，这是我们班窗台上的一盆盆栽，老师今天把它请到这里来，想和大家一起观赏。（孩子们立刻兴奋起来）仔细看看，告诉老师，你们看到了什么？

生：我看到花盆中有两棵绿色的龙爪菊（芦荟的一种），它们的叶片绿得透明，仿佛可以看到它的汁液在流动。

生：我看到龙爪菊的叶片很肥硕，尤其叶片的边缘还带着刺，真好像是有一条龙在花盆上空张牙舞爪，显示自己的威风。

师：你们不但观察得很仔细，而且，语言也很生动，了不起！有人看到了威风的龙爪菊，你看到了什么？

生：花盆里还有一棵仙人柱，碧绿的茎，三道棱，真像是用碧玉雕成的。

生：我还看到了一棵浑身长满刺的仙人球，它的刺可十分厉害，像钢针一样锐利，不管什么东西，都可以刺透。

生：浇花的时候，我们每次都小心翼翼，生怕遭了它们的暗算。（大家都点点头）

师：是呀，有好几次浇花，我都吃了它的苦头呢。（众生笑）

生：我发现花盆中的这三种花都长着刺，都不太好惹。

师：好眼力！我也觉得它们有一种逼人的霸气。请大家再仔细看看，你还看到了什么？（学生很纳闷，花盆里的花已经都说遍了）

师：看得不是很清楚的孩子可以到前面来看。（许多孩子凑上前去）

生：老师，我看到花盆里长出一棵野草。（很多孩子听了捂嘴笑）

师：你真是一个善于观察的好孩子，向你学习！不错，花盆里的确还有一棵野草。（老师神情有些严肃）这是我昨天刚刚发现的，有谁比老师发现得更早？（孩子们沉默了）

师：大家只顾观赏盆栽了，都没有注意到这棵小草是吗？（孩子们点点头）谁知道它叫什么名字？（孩子们直摇头）那好，我们暂时叫它"无名草"行吗？（板书"无名草"）

生：行！（孩子们不约而同）

师：你们想了解这棵无名草吗？

生：想！（孩子们声音响亮）

师：要想了解它，你想怎么做？

生：仔细观察它，看它有什么特点。

师：仔细观察它，嗯，真是一个好主意！我赞同！

其他同学呢?

生:我们也赞同!

二、拟定观察计划

师:既然大家对无名草这样感兴趣,我们就来观察它。为了让我们对无名草有更加细致、深入的了解,观察前,每个小组需要制定一份科学的观察计划,在这份计划里,我希望能看到你们的观察目的、观察内容、观察方法等,我更希望大家有独特的观察视角。能做到吗?(生:能)老师很期待。

生:(学生以小组为单位,合作制订观察计划)

师:老师发现各个小组的计划都已经出炉了,让我们拭目以待。哪个小组愿意做展示?

师:好!有请一组!

生:我们这份观察计划的题目是《"无名草知多少"观察计划》。我们的观察目的是:通过观察,了解无名草的外形特点,发现它的可爱之处。我们小组准备观察无名草的茎和叶子,如果它有花和果实,我们还要观察它的花和果实。观察的时候,宁宇新、吴东学和我负责观察,陈静负责记录。(展台展示)

师:从这份观察计划来看,一组注重了哪一方面的观察?

生:一组注重了无名草外形方面的观察。

师:是这样的。(板书:外形)大家觉得这个计划怎么样?有补充吗?

生：我们认为这份计划比较合理，准备观察的内容比较全面，而且还有分工。

生：我们认为，如果一组能像我们组这样，再制作一个观察表格，这样就更利于记录了。（展台展示）

师：这个办法的确不错，大家看这张表格制作得特别细致，有"观察部位""颜色""形状""味道""其他特点"这么多项，很详细。而且计划的题目我也比较喜欢——《花盆中的来客》，是很吸引人眼球的一个名字，为四组同学点赞！

生：我们小组除了想观察无名草的茎、叶、花之外，我们还打算观察它的生长环境。

师：观察生长环境？这个视角很独特，能说说你们的想法吗？（板书：环境）

生：我们认为因为植物的生长离不开环境，了解它的生长环境，就会更加全面了解这种植物的特点。

师：其他小组赞同这个做法吗？

生：我们觉得三组的想法特别好，因为这棵无名草的生存环境有些特别，它生长在一个花盆中，了解它的生存环境，有利于发现无名草的生存能力。

生：我们小组觉得观察无名草的生长环境对于发现它的生存精神很重要，我们小组决定，要借鉴三组的这种做法。

师：是啊，从植物的生长环境中的确能看出一种植物的生存能力和生存精神，三组同学观察有独到之处，值得学习；七组同学能够取他人之长，及时完善自己的观察计划，是一个善于学习的小组。

师：对于以上计划，其他小组还有补充吗？

生：我们在观察的过程中，有不明白的地方，还要请老师帮忙，（师：好哇）如果有机会的话，课后我们会查一些资料。

生：我们小组准备在观察的过程中，要按照从整体到部分再到整体的顺序进行观察。

师：这个醒儿提得好！观察要讲究一定的顺序，这也是观察中应该注意的重要问题，相信大家在观察的时候都能做到有序观察。

师：大家的计划各有千秋，总结起来，观察内容一共有两个方面：一是外形的观察，另一方面是生长环境的观察，观察时，要注意有序观察，要有独特的视角。根据你们组的观察计划，综合其他组的想法。现在我们就以小组为单位进行观察。没有轮到的小组要继续完善你们的观察计划；观察完的小组回去以后要总结你们的观察结果。

三、观察、体验

师生：（有的小组观察，有的完善观察计划，有的总结观察结果，教师适时指导观察）

四、交流感悟精神

师：大家都已经观察完了，你们眼中的无名草是什么样的呢？选出你们小组观察最成功的一处，说给大家听。

生：我们看到这棵无名草的叶子很绿，狭长的，但很小，它没有龙爪菊的叶子那样肥硕，也没有仙人球的刺那样可怕，也没有仙人剑的威武。

生：无名草的叶子摸起来毛茸茸的，茎很细很细，但它很挺拔。

师：观察得真细心，连细小的茸毛都没逃过你们的眼睛，真是火眼金睛啊！

生：我们小组发现，无名草已经开花了，是金黄色的，但是，它太小了，如果不仔细看，是看不出来的，它的花没有香味，我们怎么闻都没闻到。

生：无名草已经结果子了，老师告诉我们，茎的下部分那些小绿片片就是它的果实。我们想，在不久的将来，这些种子就会在花盆中生根发芽，甚至随风飘到远方，在远方扎根。

师：孩子们，你们不但有敏锐的观察力，还有丰富的想象力！我知道，你们开始喜欢它了，对不对？

生：对！

师：刚才，大家在观察计划中提到，还要注意观察无名草的生存环境，哪个小组观察了？（孩子们纷纷举手）既然大家都观察了，老师想听听大家这方面的声音。

生：无名草的生存空间很小，都被那三种强大的花给占据了，它只有立锥之地。

生：无名草每时每刻都遭受着其他三种花的威胁，他们有利刺，有强悍的身躯，可是，无名草没有，它很弱小，但是，它不害怕，很坚强，依然挺拔。

生：我们想，无名草被占据的不仅仅是它的生存空间，就连水源也被那三个家伙抢夺了。因为那三个家伙耐旱，我们不常给它们浇水，可是它们的根系十分发达，一旦有水，可能还没等无名草来得及吸收，就被这三个家伙统统抢光了。

生：我们想，这三个家伙在无名草小的时候，一定还和无名草抢阳光。

师：孩子们，一棵小草看起来是那么柔弱，可是在强大的恶势力面前，在恶劣的生存环境面前，它并没有低头，如今，它已经冲破重重阻力，傲然挺立在自己的对手当中，这是怎样一种精神？（板书：精神）

生：是顽强的精神

生：是坚强不屈的精神

生：是不怕困难的精神。

生：是积极向上、热爱生命的精神。

五、总结提升

师：是呀，看似一棵柔弱的小草，但我们从它身上看到了一种可贵的精神，那就是坚强、向上、热爱生命的精神。然而，这一伟大的发现正源于你们善于观察，能从平凡的事物中发现它的不平凡。生活中有许多事物看起来很平凡，但它的内心是强大的，是不平凡的，这种不平凡，就一种"美"。有人说，"生活中并不缺少美，只是缺少发现美的眼睛"。让我们擦亮双眼，去寻找生活中的美吧。

板书设计：

无名草

外 形

环 境

精 神

体验作文教学的魅力

——"无名草"教学有感

班级的窗台上有一个大花盆，里面栽种着三种花。两棵仙人柱，一棵仙人球，三棵龙爪菊，孩子们叫它"杂样"。之所以很杂，那是因为三种花都是孩子们从家里拿来的，班级没有多余的花盆，也没有比它再大的花盆，又不敢随便扔掉哪一棵，生怕伤了哪个孩子的心，所以暂时把三种花栽种在同一个花盆里。三种植物都是耐旱植物，不须常常浇水，再者，它们又长有可怕的刺，孩子们和我都心生几分胆怯，对它们是敬而远之，生怕遭到它们的暗算。

今天中午，吃完午饭，我不经意往窗台一瞥，忽然发现"杂样"的花盆里傲然地挺立出一棵野草来，它站在这几株带刺的植物中间，显得那样纤细，但却不失挺拔。走到近前，我发现它已经开花了，花儿极小极小，不仔细看，是看不出来的，更没有香味，但是，花茎的下方已经结出了绿色的果实。我不禁心生爱慕，决定要和孩子们一起分享。

我把花盆搬到讲桌上，并用书本把它垫得高高的，争取让每一个孩子都能看得到。我微笑着看着孩子们，说："孩子们，今天老师想和大家一起观赏这盆盆栽，大家说说你们看到了什么？"孩子们纷纷举手，有的说，看到了张牙舞爪

的龙爪菊，有的说看到了浑身长满刺的仙人球，还有的说看到碧玉般的仙人柱，孩子们兴致勃勃地描述着，丝毫不懂我的心。三种植物都被孩子们说完了，可是，我还是不满足，仍追问："你们还看到了什么？"孩子们对我的提问很是不解，有的甚至感到我是在故意为难他们。在静静地等待一分钟左右之后，终于有一只小手怯生生地举起来，"我看到了花盆里有一棵野草。"那是最前面的一个小女生说的，声音很轻。她的话音刚落，教室里哄堂大笑。

"老师怎么会让我们观察野草？""野草——这个回答太有趣了！"孩子们不停地议论，女孩的脸一直红

到耳根。我的脸开始严肃起来，教室里逐渐安静下来，我顿了顿说："花盆里的确长着一棵野草，这是我今天中午刚刚发现的，有谁比老师发现得还早？"没人回答，他们面面相觑，有的孩子索性站起来伸直了脖子往花盆里看。"那有谁知道它的名字？"我继续问道。还是没有人举手，他们只是一个劲地摇头。"那我们给它起个名字吧。"孩子们像是得到了赦免，纷纷举手。最后经过筛选，这棵野草终于有了一个还算体面的名字——"小小草"。"既然以前大家都没有注意到小小草，那就让我们一齐观察它吧。"教室里热闹起来，孩子们以小组为单位进行观察，从叶到茎到花到果实，孩子们一边看一边指点着，有的甚至还凑过来用鼻子闻一闻，那股热情没谁能挡得了。

"现在谁能说说小小草是什么样的？"我信心满满地看着孩子们。"一石激起千层浪"，孩子们争先恐后地举起小手，它们从小小草柔弱的叶子说到纤细的茎，从朴实无华的小花说到毫不起眼的果实，从恶劣的生存环境说到顽强的生长精神。孩子们思如泉涌，将自己的所见以及对生命的感悟表达得淋漓尽致，无不流露出对小小草的喜爱和赞美之情，我也沉醉其中……

孩子们用自己的眼睛和美好的心灵发现、感悟到了小小草身上独特的美，对生命的坚强进行了高度的礼赞，他们在平凡的事物中寻找到了美，一想到这些，我还真有些小激动。我忽然想起一句话："其实生活中并不缺少美，只是缺少发现美的眼睛。"

"童年 校园 落花生" 体验活动方案

童年是梦里的外婆桥，是缤纷的万花筒，是校园里的读书声。为了丰富孩子们的校园生活，开阔眼界，增长见识，在班级内开展"童年 校园 落花生"体验活动。

活动意义：

1. 通过开展种植花生的体验活动，使学生了解花生的生长过程，丰富学生的校园生活，培养学生的观察力、实践能力、团队意识，激发学生热爱科学的兴趣。

2. 丰富学生习作素材的积累，激发习作兴趣，提高习作水平。

3. 使学生在亲历种植、培育花生的活动中学会持续地、多方面地对一事物进行观察，提高科学探究的能力，领悟热爱劳动以及珍爱生命的意义。

活动时间：2016 年 3 月—2016 年 10 月

参与人员：五年四班师生

活动原则：

1. 主体性原则

活动中，学生是活动的主体，教师只是活动的组织者、引导者和合作者。活动中要培养学生自主设计能力，以及自主发现能力和创造能力，让学生的主观能动性得到充分发挥。

2. 体验性原则

活动中，要重视学生的亲身体验，既要注重行为体验，又要注重情感体验。要求学生积极参与到活动中去，在"做""观察""探究"等一系列的活动中，热爱生活、学会观察、学会学习、学会合作、丰富积累。

3. 整合性原则

体验活动的开展既要考虑学生、社会、自然的内在整合，还要体现语文、数学、科学、艺术等学科的内在整合。

活动计划：

第一季"种子的梦"

一、组建体验活动小组，推选组长，组内明确分工，给自己的小组起一个有创意的名字。

二、以小组为单位，上网或者访问有经验的花生种植者，做好播种前的准备，包括花生种子、花盆、土、肥料、工具、种植方法等。

三、以小组为单位，播种花生。

四、观察花生种子发芽、出土过程，并结合观察花生发芽、出土的过程，学习计算花生种子的发芽率，歌唱《小雨沙沙》《劳动最光荣》，创作童话故事《小花生的梦》《小花生出世》，开展"我给花生起名字"的活动。

第二季"花儿朵朵"

（一）在对花生生长管理的过程中，观察花生的生长过程，观察花生秧苗的茎、叶、花的特点。

（二）开展"花儿与笑脸"小摄影展活动。

（三）结合观察，创作科学童话故事《小花生晒太阳》。

（四）与科学课相整合，了解果实的发育。

第三季"快乐的收获节"

（一）以小组为单位，收获花生。

（二）查资料，了解花生的价值

（三）举办"花生节"

1. 布置班级，要求以花生为主题，鼓励有创意的设计。

2. 品尝亲手种植、收获的花生。

3. 品尝花生制作的食品。

4. 以小组为单位，表演节目庆祝收获。

5. 选取"花生王"，"花生王"小组授奖，发表获奖感言。

6. 开展花生壳贴花展。

7. 品读许地山先生的《落花生》，学做具有花生精神的人。

8. 召开"我和花生有一个故事"班会。

9. 评选活动中的优秀日记或作文。

10. 制作大型活动板报《童年 校园 落花生》。

（三）整理文集，编撰大型童话故事《花生王成长记》。

花生王成长记

一、神秘的行动

东风来了，春天的脚步近了，校园里的小草欣欣然张开了眼。这天中午，四年四班的教室里热闹极了，原来大家正在讨论"童年 校园 落花生"的活动分工呢。谁买花盆，谁带沙土，谁拿工具，谁带种子……大家都进行了细致的分工。每个同学都领到一份任务，每个同学脸上都露出灿烂的笑容，像春天的花儿一样美丽。平时，同学们都过着"十指不沾泥"的生活，花生倒是常吃，可是种花生呢，谁也没经历过，这个活动，对于四年四班的哥哥姐姐们来说，充满了超强的吸引力，大家对活动结果充满了各种幻想。

明确分工以后，同学们都悄悄忙碌起来。准备工作成为各个小组的最高机密，谁要是泄露出去，就要付出被逐出小组的惨痛代价。郝芯瑞姐姐每天放学都要上网查阅一些种花生的资料。柴俊泽哥

哥还特意请来了在农村生活的姥姥，请姥姥亲自传授种花生的经验。星期天一大早，圆圆姐姐就跑到花市，挑选了一个精美的大花盆，这对于我们花生来说，可是别墅级的待遇啊！

二、播种希望

一周以后，一切准备工作就绪，播种的时刻终于到了。大家把准备好的种子、花盆、沙土、工具都摆了出来，真是一应俱全。三组的王崇懿哥哥还拿来了一包神秘的东西——鹿粪。大家一边捏着鼻子，一边哀求王崇懿哥哥——发发慈悲给点儿鹿粪。后来，每个小组就都有了一点儿鹿粪。吴老师送来了温馨提示：播种的时候千万不要把种子直接放在鹿粪上，否则会烧死它。吴老师懂得真多呀！我心里暗暗地喜欢上了这位高个子、美丽又大方的女老师。在吴老师的指导下，同学们开始播种，每个同学都播一颗种子，他们说，他们种下的是希望和快乐。我被杨思彤姐姐拿在手心里，浑身感到痒痒的。她先挖了一个坑，放上了一层鹿粪，再盖上了一层土，最后把我安安稳稳地放到土上，随后其他五颗种子兄弟也躺在了我的身边。一位姐姐捧起一把土温柔地盖在我们身上，立刻，我们的世界变得黑暗起来，伸手不见五指。

三、小花生出世

沙沙沙，沙沙沙，我的世界变得湿润起来了。我躺在土的豪宅里，口渴了，一直喝，一直喝，喝成了小胖子。我渐渐睡去，我梦见自己长大了，生根、发芽、开花、结果，哥哥姐姐们围绕

着我们拍手笑着、跳着……忽然，我被各种奇妙的声音吵醒了，我侧耳仔细一听，外面的世界真热闹：有悦耳的铃声，也有朗朗的读书声，有欢乐的笑声，还有美妙的歌声……我最喜欢听哥哥姐姐们唱歌曲《小雨沙沙》了，我要出土，我要发芽！我使劲地扭动着身子，不断向上钻。突然，我的世界裂开了一道小缝儿，一束温暖的阳光照了进来，我的身子一下变得暖洋洋的，一个姐姐惊讶地叫道："快来看哪，我们的小花生发出了一棵小小的芽了！"听声音，应该是杨思彤姐姐的声音，多么亲切熟悉啊！只听一阵脚步声，我被哥哥姐姐们紧紧围住。"哟，瞧它多可爱！""是呀！小花生加油！"我鼓足了勇气，使出浑身力气，奋力向上一顶，啊！我终于破土而出。我的周围有那么多美丽可爱的眼睛在笑眯眯地看着我，我把嫩绿的小脑袋藏在已经微微裂开的两个花生瓣中间，害羞地仔细看着这个充满阳光的世界。操场上的柳树舞动着婀娜的柳枝，连泉山上的蒲公英花在向我点头微笑，

布谷鸟在尽情歌唱。"红甲,红甲。"杨思彤姐姐轻轻地向我呼唤,这是在叫我吗?我有点不敢相信,思彤姐姐看我疑惑的样子,点点头,温和地说道:"是呀,红甲就是你的名字,我们希望你茁壮成长,将来结出最大、最香的花生,成为花生界的第一。"窗外,一阵温暖的春风吹进来,我高兴得手舞足蹈,"我有名字了,我叫'红甲',我要成为新一届的花生王!"

四、阳光雨露

随后的几天里,我的小伙伴们也相继出世了。教室的窗台上变得热闹起来,每逢下课,总有哥哥姐姐围过来看望我们,有时帮我们拔拔杂草,有时给我们松松土,很快,我们成为了形影不离的好朋友。上课铃声一响,我们和哥哥姐姐们就马上坐好,一起读课文,一起唱歌,一起思考问题……

下春雨了,我们被搬到二楼的阳台上,那是一个极大的阳台,二百名小学生站上去也不会觉得拥挤。春雨细细的,甜甜的,我们尽情地吮吸着春天的甘露,舒展着嫩绿的叶子在春雨中翩翩起舞。

我们也喜欢在风和日丽的日子里晒着太阳,金色的阳光像温柔的小手抚摸着我们,我们

的身体奔向太阳，尽情享受阳光的恩泽。有时候，哥哥姐姐们好像在和我们开玩笑似的，非让我们背对着太阳，他们说，怕我们长歪了。我们趁他们不注意，又悄悄朝着太阳生长。他们对我们的顽皮产生了兴趣，还特意上网查了资料，原来我们植物有向阳性，那是因为我们要通过光合作用制造出更多的物质能量供给自身生长的需要。哥哥姐姐不再说我们调皮了，我们开始暗暗佩服哥哥姐姐们这种探索科学的精神。

五、花儿朵朵

日子一天天地去了，我们也一天天长大了。一天清晨，伴随着第一缕晨光，我在花生秧的底部开出了一朵金黄的小花，连我自己都不

敢相信自己的眼睛，花朵小小的，金灿灿的，像一只展翅欲飞的蝴蝶。我正在欣赏着自己的美丽，哥哥姐姐们将我围了起来，"快看啊，我们的红甲开花了！""哇，多么美丽的小花！"……我尽情地在晨光中展示自己美丽的身姿。接下来的几天里，二楼的阳台上变得热闹起来，小伙伴们不甘示弱，竞相开放，我们成了校园里一道亮丽的风景线。

过了几天，花落了，有的连一点痕迹都没有留下，有的却在花柄的一端长出了一个小圆点儿，它有个好听的名字叫子房，花柄也越长越长，叫作子房柄。子房柄

最后伸进泥土里，子房在土里拼命吸收营养，很快，子房就发育成一个白白嫩嫩的小花生，花生壳就像一个舒适的小摇篮孕育着一个个小生命。

六、春华秋实

连泉山上的野菊花开放了，金色的秋天来了，收获的季节也来到了。又是一个中午，哥哥姐姐们把我们搬到了操场上，他们准备开始收获自己的劳动成果，

这真是激动人心的时刻！每组只有一盆花生，可是大家都抢着要拔，还是吴老师有办法，她让同学们用"石头、剪子、布"的方法来确定拔花生的人选。一番激烈的角逐之后，人选终于确定下来，有郝芯瑞姐姐、王崇懿哥哥……只见他们个个摩拳擦掌，那股神气劲儿。"他们真是幸运啊！"落选的同学情不自禁感慨起来，心里还真有点羡慕、嫉妒、恨呢。同学们都睁圆了双眼，只为这121天的等待。一颗颗可爱的花生带着泥土的芳香在同学们的欢呼声中抛头露面。接下来就是小组成员一起摘花生，为了不漏掉一颗花生，同学们的手在土里摸索着，翻腾着。瞧，杨思彤姐姐变成了小花猫，张荣嘉哥哥变成了泥猴，哥哥姐姐们都在你看看我，我看看你，忍不住大笑了起来，那笑声震落了连泉山的花瓣儿。

七、快乐的花生节

这天中午，班级里热闹极了，原来大家正在过花生节。端午节、中秋节……大家都过过，可是过花生节，同学们还真是第一次

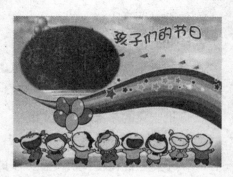

过，真新鲜啊！黑板被同学们布置得十分漂亮，四周一共画了 46 颗花生，代表吴老师和 45 名同学，黑板中间是"花生节"三个彩色大字和一个卡通花生，卡通花生样子萌萌的，十分讨人喜爱。黑板上方是千姿百态的蝴蝶和五颜六色的气球，下方是姿态各异的花草。同学们各做各的一份事，忙得不亦乐乎。

音乐缓缓响起，花生节的庆祝活动拉开了帷幕。首先是主持人激情飞扬的致辞，接下来是各个小组带来的精彩节目，这些节目都是围绕"童年 校园 落花生"的主题编排设计的，有诗歌朗诵、小品、故事……王乙竹姐姐的故事《和花生做朋友》感动了在场的所有人。由琪琪姐姐创作的诗《致花生》赢得了大家最热烈的掌声，我至今还记得诗写的是那么美——

春天，

你嫩嫩的，

娇羞地把最纯净的一抹绿献给我们。

夏天，

你默默地开出金色的花儿，

我知道，

那色彩是你从太阳上采撷下来的。

秋天，

你把宝贵的果实送给我们，

让我们懂得了什么是一分耕耘，一分收获。

琪琪姐姐的诗让我沉浸在太多的回忆之中……

　　节目表演结束之后，别开生面的花生宴开始了。同学们首先品尝了自己亲手种的花生，大家都说这是他们吃过的最好吃的花生。接下来，大家开始品尝花生食品，没想到，花生制作的食品可真多啊！什么蜂蜜花生、海苔花生、花生糕、花生牛轧……大家一边品尝着美味，一边说笑着，你往我嘴里塞一块花生酥，我往他嘴里填几颗花生蜜豆，教室里弥漫着浓浓的花生的香味儿和同学们的欢声笑语。吴老师笑眯眯地问："谁能说说花生的好处？"这怎么能难住大家呢？一石激起千层浪，同学们纷纷抢答："花生可以榨油。""花生含有蛋白质、维生素、不饱和脂肪酸，营养十分丰富。""花生可以健脑益智、润肺止咳，所以又叫'长生果'。"……我在一旁得意地听着，心里有说不出的骄傲和自豪。

　　八、圆梦

　　评选花生王是花生节的高潮。每组事先选出一个花生小王，再在班上角逐。最后，选出本届花生王。我很荣幸，小组成员一致推选我作为我们小组的花生小王，我的心里还真有些小激动呢。

八个花生小王雄赳赳气昂昂地集合到了一个盘子里。首先是毛遂自荐——自我介绍。我们这八个花生小王你不让我，我不让你，为了夺取最后的胜利，使出了浑身解数。第一个做介绍的是一组的"飘香"，他向大家恭恭敬敬地鞠了一个躬，然后大声说："我叫飘香，我的果实特别饱满，只要你吃上我的果实，肯定让你回味无穷，请大家投我一票！"还没等飘香走下台，急性子的贝贝跑到台上，她自信地说："在这八个花生小王当中，数我的果实最多——5颗，花生王就要与众不同，就是要有别人不可超越的实力。所以，花生王非我莫属，选我不会让你后悔！"哇，又是一阵热烈的掌声。伙伴们的实力相当，都不甘示弱，这真是一场激烈的角逐啊！我是最后一个上台做介绍的。我做了一个深呼吸，感觉心里平静了很多，我微笑着对大家深情地说："我是红甲，一共有4颗果子，我的果子大而饱满，我有5克重呢，再看看我的外形也极其优美，美有两种表现形式，一种是外在的，一种是内在的，而我两者兼有，请大家为我投上宝贵的一票吧！"大家的掌声给了我极大的信心。

接下来就是令人瞩目的投票环节了，同学们在黑板上画"正"字，投票情况一目了然。哥哥姐姐们投起票来十分认真，他们瞪大了眼睛，拿起这个看看，又举起那个瞧瞧，生怕眼睛欺骗了他们。我虽然有一定的实力，但是我的小心脏还是紧张得跳个不停。

我第一次感到时间过得这么漫长，投票终于接近尾声，还有一个人没有投，我鼓足勇气，看了看目前黑板上的投票结果，真是无巧不成书，我和二组的贝贝居然打成了平手——都是 18 票，暂时并列第一名，可是，不容乐观的是，最后一名没投票的人竟是二组组长吴东学哥哥，倾向于自己小组那是人之常情啊，再说，贝贝确实很有实力啊。一种不祥的预感向我袭来。比赛到了白热化的阶段，究竟花落谁家，大家都在拭目以待。

吴东学哥哥起身从座位上走了出来，一旁的小健哥哥对他使了一个神秘的眼神，小瑞姐姐把手拢在嘴边，对着吴东学哥哥悄悄地耳语。虽然我听不清小瑞姐姐在说什么，可是我也能猜个八九不离十。爱组之心人皆有之啊。班级里不约而同形成了两个团队，这边"花生贝贝，无人可追！"那边"红甲红甲，我主天下！"呐喊声一浪高过一浪。吴东学哥哥不慌不忙地来到我们面前，真有点专家评委的范儿呢。他把每一个花生小王都仔细看了一遍，最后拿起我和花生贝贝端详起来，哥哥的表情十分严肃，因为他的这一票决定两个小组的胜与败。"选贝贝吧，你可是他的组长啊！"张荣嘉哥哥索性站起来公开拉票。坐在我们小组的孙紫璇姐姐急了，她大声说道："出以公心，选出真正的花生王，我们相信你是公正的。"吴东学哥哥用手分别把我们两个掂了一掂，心中仿佛有了答案。他看了看自己的小组，郑重地走到黑板前，拿起粉笔，我不敢睁大眼睛看，用手捂住了双眼，透过手指缝儿瞧去。只见，吴东学哥哥在我们第八小组的"正"字上重重地添上了一笔，第八小组19票！欢呼声像强有力的冲击波冲出教室，一直传到校园里。我是花生王了？我简直不敢相信这是真的，我使劲揉了揉眼睛，又看了一遍黑板，的确是19票！我真的是花生王了！其他花生小王与我热烈拥抱，亲切握手，向我祝贺，组长郝芯瑞姐姐为我戴上她亲手制作的王冠，花生王小组受奖，此时，往事像电影一般在我眼前清晰起来，我不禁热泪盈眶。班级里的掌声热烈而持久，我想，这掌声不仅仅是送给我的，也是送给吴东学哥哥的，更是送给参与这项活动的老师和同学们的。于是，我张开了双臂，去拥抱曾经爱过我们的每一个人。

　　花生节的庆祝活动丰富多彩，花生贴花展、故事会、品读许地山先生的经典之作《落花生》，创编活动板报……足足持续了两个星期。

教学案例篇

教经典文学，赏文化瑰宝

——《伯牙绝弦》评课稿

各位领导、各位老师：

大家好。今天能作为评课发言教师与大家一起交流，感到很荣幸。

《伯牙绝弦》是人教版小学语文六年级第八单元的一篇精读课文，它是学生在小学阶段接触的第二篇文言文课文。这篇课文讲述了伯牙为悼念知音钟子期而"破琴绝弦"的故事，正是这个故事，确立了中华民族高尚人际关系与真情的最高标准，它是东方文化之瑰宝。

这篇看似短小却实为深奥的文言文，经过范老师和孩子们的真情演绎，让我们为之震撼，我个人认为，本节课教学有以下几个亮点。

一、经典文化学习有意境

中华传统文化源远流长，博大精深。今年9月9日，习主席到北师大看望教师时说："应该把这些经典嵌在学生的脑子里，成为中华民族的基因。"可见经典文化的价值。《伯牙绝弦》一课是培养学生阅读文言文兴趣，让学生感受中华民族优秀传统文化无穷魅力的有利工具。

要想激发学生学习文言文的兴趣，培养热爱经典文化的情感，首先要把学生带到学习经典文化的意境之中去。范老师就做到了这一点，课的开始，有范老师抑扬顿挫的范读，有孩子们气势恢宏的齐读；课的结束，有荡气回肠、扣人心弦的配乐朗读，老师巧妙地利用读，引导学生入其"境"，悟其"神"，会其"意"，从而创造了学习文言文的意境之美。

二、指导学习有方法

叶圣陶先生曾经说过，"我以为好的教书先生，不是教学生，而是教学生学"。范老师在教学中，没有将课本知识全盘授予，而是相机诱导，在指导学生读文时，她点拨学生要注意停顿，读出韵味儿，读出内涵，例如，在理解"善"字时，范老师指导学生要联系上下文的内容理解词语意思。学生学习，主要是掌握一个方法，毕竟学校学习只是人生的一段乐章，好的学习方法不仅有助于提高学习效率，而且使学生受用一生。对于六年级的学生来说，他们刚刚接触文言文，对于学习文言文的方法几乎是"零"，因此，教师有必要向学生讲授一些学习文言文的方法，范老师就特别注重这一点。学生掌握了学习文言文的方法，就等于拥有了一件法宝，这个法宝必定会使他们将来对文言文的学习得心应手，达到事半功倍的效果，学生终身受益。

三、拓展理解有深度

我们说，文字的背后是有温度的，如果能将这个温度升至燃点，必将擦出火花。"伯牙之所念，子期必得之"，为了加深对这一句的理解，突出伯牙、子期之间的默契，范老师引导学生进行拓展和运用：伯牙还会用琴声表现哪些场景？子期分别是怎样赞叹的？师生齐读"伯牙鼓琴，志在清风，善哉，徐徐兮若清风；伯牙鼓琴，志在白雪，善哉，皑皑兮若白雪"……学生齐读排比句式，领悟出文本内涵，即伯牙心有念，好朋友子期必得之，比解之，必懂之，必衷心而赞之。范老师为这段巧妙补白，有深度，把情感燃起来，必定打动学生心弦，激发学生与文本的情感共鸣。

四、教者的文化有底蕴

本课的结构大体上与《高山流水》的曲式相应，分为"起""承""转""合"四段，一波三折，风生水起。"课起"为纵情吟诵识知音；"课承"为高山流水觅知音；"课转"为破琴绝弦祭知音；"课合"为千古绝唱怀知音，知音文化作为全课主线，起到了穿针引线、凝神聚气、融会贯通的作用。还有对"绝"字的解析，也别具匠心，意义深远，而这些巧妙的设计，足可见范老师的睿智及丰厚的文化底蕴。

当然，既然是评课，我还要提出不足，纵观本节课，我们没有看到学生对正篇课文的翻译，学习文言文，尤其是小学生学习文言文，对于文言文的翻译还是十分有必要的。

总之，在范老师的这节语文课上，相信学生一定会品出文言文的辞采之美、音韵之美、意境之美！感谢范老师的精彩呈现，感谢大家倾听！

以人为本，与时俱进

——2018年东辽县引路备课发言

尊敬的各位领导、教育同行：

大家好！首先非常感谢进修学校给我这样一个与大家共同学习交流的机会。说到"引路备课"，实在是不敢当。但最近经常听到一句比较火的话，就是"让'红红脸，出出汗'成为一种新常态"。虽然这是对党员说的话，但是，如果今天我的发言真能起到抛砖引玉的作用，我愿意在这里红红脸，出出汗。

今天我给大家带来的是《桃花心木》的教学设计。

对本课的设计我基于以下四方面考虑：那就是基于课标对高年级阅读教学的要求；基于教材的自身特点；基于小初过渡的实际需要；基于语文测评的方向把握。

第一方面：基于课标对高年级阅读教学的要求。课标明确指出：要"能联系上下文和自己的积累，推想课文中有关词句的意思，辨别词语的感情色彩，体会其表达效果。"仅就理解词语一项能力来说，现在，大多数孩子理解词语往往依赖于各种教辅资料，一旦离开了资料，他们就寸步难行。曾经我为了帮助我班孩子丢开这个拐棍做出了许多努力，从四年级开始，我就让他们买《现代汉语词典》，可是有了词典，一开始，他们不会用，经常抱着词典来向我诉苦，说词典里没有他想找的那个词语。这足以说明我们的孩子吃"等食"吃惯了。可是，从发展的角度来说，一个人要阅读，不可能天天随身携带一本工具书，这就需要具有依据上下文和自己积累推想词语意思的能力。本课生词较少，文中只有一个词语"语重心长"需要重点理解。在教学设计上，我并没有依照行文顺序教授，而是在引导学生感悟两个"不确定"之后教学的。我是这样设计的：种树人开始"笑"的是什么？后来为什么又"语重心长"地说？学生对课文内容已经有了充分的理解，再通过联系上下文推断这个词语的意思，自然是水到渠成。

　　课标在高年级阅读教学中还有这样的要求，那就是："在阅读中了解文章的表达顺序，体会作者的思想感情，初步领悟文章的基本表达方法。在交流和讨论中，敢于提出看法，作出自己的判断。"因此，在教学设计上，我努力寻找连接孩子们精神世界、现实生活的"触发点""共振点""兴奋点"。例如在引导感悟两个"不确定"时，我是这样设计的：

　　在研读感悟第一个"不确定"时，我提出了这样两个问题：

1. 种树人这样浇水有没有道理？

2. 假如你就是一棵参天的桃花心木，你想说些什么？如果你是一棵即将枯萎的桃花心木树苗，你想说什么？

研读感悟第二个"不确定"时，我设计了这样一个环节：

讨论：生活中的"不确定"指什么？你是怎样面对生活中的"不确定"因素的？结合自己的生活经历谈一谈。

对两个"不确定"的感悟，循序渐进，层层深入，既关注了学生的个体差异，又珍视学生的独特体验，引导学生从不同角度谈出对文本的感悟，不仅充实、升华了文章主旨，也使课堂焕发出蓬勃的个性风采，闪动着灵动的智慧之光。

第二方面：基于教材的自身特点。

《桃花心木》是我国台湾著名作家林清玄的一篇散文。文章写了一个种树人让"树木自己学会在土地里找水源"的育苗方法和道理，说明了在艰苦环境中经受生活考验，克服依赖性，对人的成长有重要的意义。这篇散文文质兼美、隽永耐读。借种树喻育人，道理深入浅出。使文章立意更深远、表情达意更含蓄。文章还采用悬疑法，以作者眼中种树人种种奇怪的行为为线索，层层设疑，引起读者的好奇，引人入胜，增强了文章的可读性。本文处在第一单元，本组的训练重点是："要抓住重点句段，联系生活实际，领悟文章蕴含的道理；在把握主要内容的基础上，体会作者表达感悟的不同方法，并试着在习作中运用。"依据单元训练重点和文本特点，我确定本课的教学重点是：引导学生抓住文中的重点句段，联系生活实际，领悟文章蕴含的道理。对于文中含义深刻的句子，（例如："但是，在不确定中找到水源、拼命扎根的树，长成百年的大树就不成问题了。""不只是树，人也一样，在不确定中生活的人，能比较经得起生活的考验，会锻炼出一颗独立自主的心。""种树的人不再来了，桃花心木也不会枯萎了。"）要引导学生联系上下文，前后贯通地反复研读；要联系生活实际，内外沟通体验研读。树似人，人似树，树与人的形象叠印在一起，以此体会文章在表达上的借物喻人方法。

第三方面：基于小初过渡的实际需要。

以前，我经常能听到一些同事在讨论：他们的孩子小学阶段语文成绩在班级，乃至全年级都是顶呱呱的，而且阅读量也非常可观，可是升到初中之后，他们的成绩不但没有显示出优势，有的甚至成为拉分的科目。我就特别纳闷，孩子们的语文成绩为什么会有这么大的反差？我家孩子去年也上了初中，所以我特别留意初中的语文阅读。以下是两道七年级语文阅读题，请大家一起看一下。第一道是"请从描写角度对'然后豁嘴婶婶发一声话，我们齐刷刷地冲下岸，不管泥里水里就那么踩过去，七八只手抓紧了箩筐，'吭唷吭唷'地抬上码头，抬到豁嘴婶婶家门口。'这段话的表达效果进行评析。"黑字部分是学生的原始答案，我给大家读一读。这样的答案在我们看来已经很完美，可是在初中如果该题分值10 分的话，至少要扣掉 2~3 分。这道题要求学生从三方面来答，即作者用了哪些动词；运用了什么样的表达方法；起到了怎样的表达效果。答案要求非常具体，而不是点到为止。我们再来看一道题："根据对课文的理解，你认为元方的父亲陈太丘会如何评价自己的儿子的行为？"这是文言文《陈太丘与友期行》中的一个问题。这篇文言文的主要内容是：陈太丘这个人与他的朋友约定一同出行，可是朋友没有守约。但朋友反而当着陈太丘儿子的面埋怨陈太丘失约，陈太丘的儿子据理力争，说父亲的友人失约则是无信，对子骂父，则是无礼。友人听了，很惭愧，下车想去拉那个孩子，结果孩子头也不回走进门去。一般情况下，我们认为，孩子这样答就可以得满分："聪明机智、明辨是非、能言善辩、懂礼守信、天真率直、维护父亲尊严"。可是标准答案要求从两方面进行评价，即还要说"但是父亲的朋友也是长辈，对长辈说话要讲分寸，以后还要多学习。"不知道大家注意到没有，这两道题有一个共同的特点就是都要进行评价或评析。如果是评价或者评析，那么对答案的要求就应该是既要有深度，又要有广度。而我们的绝大多数孩子做不到这一点。可能有人会想，那是中学语文老师的事，可是我想告诉您的是，这两道题是在孩子入学不到一个月做的。作为孩子的语文启蒙老师，我想，您一定希望他的小学学习能成为他未来学习的坚实基础和桥梁，而不是变成未来学习的鸿沟和障碍。基于此，在本课的教学中，特别是在重点语句的感悟上，我千方百计拓宽学生的思路。例如：引导学生从正反两个方面体会第一个"不确定"；引导学生联系生活实际，体会生活中的"不确定"。我想，如果能让这种思维训练成为语文课堂教学的新常态，何愁我们的孩子们语文不得高分？

第四方面：基于语文测试的方向把握。

纵观这些年的语文试卷，给我最大的感受就是，语文试题特别"活"，教研员之所以要出这些所谓的"活题"，其实就是在考察孩子们的语文素养。所以，每学期期末复习时，我不会去压题，更不会把过多的时间放在语文上，但是我班的语文成绩还是骄人的。因为我把功夫用在平时的每一节语文课里。比如《桃花心木》这节课，在学生充分感悟第二个"不确定"后，我设计了这样的小练笔：

1. 当我们处在失败的时候，（　　）就在不远处，因为（　　）本来就是不确定的。

2. 当我们处在安全的时候，（　　）就在不远处，因为（　　）本来就是不确定的。

3. 当我们处在贫穷的时候，（　　）就在不远处，因为不确定本来就是不确定的。

这样的练习，既加深了对"不确定"的感悟，又培养了运用与表达的能力，可谓一举两得。

基于以上想法，我设计了本节课的教学。本节课的教学概括说是抓一条情感主线，感悟分两步走。具体环节见我的纸质教案。

2017 年，有一句很流行的话——"理想和现实总是有差距的，幸好还有差距，不然，谁还稀罕理想？"但我想说的是，理想课堂与现实课堂总是有差距的，幸好有差距，不然，谁还稀罕备课？今天在这里斗胆说了这么多，只求抛砖引玉，百家争鸣，谢谢大家！

让语文课堂回归"语文味"

——东辽县"青兰杯"同课异构大赛发言稿

大家好。我是实验小学语文教研组的教师，很荣幸能代表我们小组做发言。

一、评课

今天晏平小学王老师的这节语文课《自己的花是让别人看的》，让我们受益匪浅，我们认为这节课有以下几个亮点。

（一）教学思路清晰

课的开始，王老师引导学生抓住文章的中心句"多么奇丽的景色，多么奇特的民族"，切中文章中心，可谓是"牵一发动全身"。

（二）联系生活实际理解含义深刻的句子

"我为人人，人人为我"的含义深刻，王老师并没有就文讲文，而是引导学生联系生活实际进行感悟，达到了很好的效果，同时，也使学生受到了思想启迪。

（三）及时的课外阅读链接

一节语文课应当是某一个阅读领域的开始，而不是结束。王老师能为学生推荐课外阅读作品，一定会掀起新的阅读高潮。

二、介绍本组教学设计

我们小组在王老师的启发下，经过集体评议，取长补短；个体精备，个性创造；再次合作，完善提升三个阶段，构建了我们的语文课堂教学。下面，我将我们教研组对本节课的教学设计向大家阐述说明，仅供大家参考。

（一）课前准备

由于本组教材以"异国风情"为专题，因此，我们打算从实际出发，通过多种途径收集关于德国风光资料以及季羡林先生的生平资料，以丰富学生对异域风情的感知以及增加对文本作者的了解。

（二）教学环节

本课分为四个教学环节，即欣赏画面，引情入境；品读感悟，提升能力；多读训练，回归语文；读写结合，渗透待发。

1. 欣赏画面，引情入境

俗话说的好，"好的开端是成功的一半"。课的开始，和学生一起欣赏关于德国风情的画面，分享收集到的资料，奠定本节课的感情基调，可谓是"未成曲调先有情"。同时，由于充分调动了学生视觉和听觉的积极性，学生定能由潜入的学习状态转入到实际上起作用的深入学习状态。

2. 品读感悟，提升能力

由于本文处于本册书的最后一单元，因此，要对本学期注重培养的阅读能力即体会文章的思想感情和理解含义深刻的语句的阅读能力加以巩固和提高。我们准备采用的方法是图文结合、读思结合、读议结合，抓住重点词句，联系上下文，联系生活实际等有效方法实施教学，在此环节中，我们还要让学生感受到季羡林老先生这位语言大师的语言魅力，积累优美的语言，为丰富语言表达打基础。同时，我们还要注意激发学生自主学习意识，培养学生独立学习、合作探究的能力。

3. 多读训练，回归语文

朱熹说，"读得熟，则不待解说，自晓其意"。"读"是语文学习中一个不可替代的手段。语文《课标》也有明确指出："要重视各个阶段的朗读"。因此，在教学中，我们力求指导学生将课文读得充分，读得精彩，课堂中既要有高山流水般的读，又要有小溪潺潺似的读，从而达到在读中感知，在读中感悟，在读中培养语感，在读中受到情感熏陶和思想启迪，回归语文课堂本色。

4. 读写结合，渗透待发

在语文教学中，有这样一句话，叫"读写不分家"。看一节语文课，尤其是阅读课文，首先要看是否落实了读和写。本文不同于一般的写景物风情的文章，不纯粹写景物，而是在写德国风景民俗的同时，用最简练概括的语言点明了通俗易懂但又意味深长的哲理。因此，我们将有意识地渗透课文的写法，让学生了解作者别具匠心的写作方法，实现读写结合，增加语文课的厚重感。

总之，本节课设计是按照由景到人再到理的顺序层层展开的，注重了读、说、思、议、写相结合，体现了语文课的特点，尊重了学生的主体地位和心理发展规律。

"有一千个读者，就会有一千个哈姆雷特"，语文教学也是如此。恳请各位领导、老师对本课设计多提宝贵意见和建议，谢谢大家！

《美丽的祖国》说课稿

尊敬的各位评委、老师：

大家好！

今天，我说课的题目是西师版小学语文二年级下册第一单元，第1课《美丽的祖国》。本文图文并茂，生动形象地展示了我国部分地区各具特色的地域风光和风景名胜。课文由两部分组成，第一部分，由图片和短语组成，简洁明了，直观形象。后面是一段韵文和两幅相关图片，前四句罗列了湖南、台湾、河南、四川的风景名胜，第五句写祖国风景名胜举不胜举，抒发了对祖国壮丽河山的热爱之情。

课标明确提出："在第一学段的识字与写字教学中，要让学生喜欢学习汉字，有主动识字的愿望，掌握汉字的基本笔画和常用的偏旁部首，能按笔顺规则用硬笔写字，注意汉字的间架结构，书写规范、端正、整洁，养成正确的写字姿势和良好的写字习惯。初步感受汉字的形体美，培养学生热爱祖国文字的思想感情。"

二年下学期的小学生已经掌握了一些识字方法和识字技巧，他们好奇心强，对新鲜事物很感兴趣，初步具备了独立学习与合作学习的能力，以及评价能力和创新意识。但是，他们的无意注意仍占主导地位。依据课标要求，以及文本特点，结合学生的实际情况，我确立本节课的教学目标是：

1. 认识"瀑""浙"等 12 个生字，会写"庆""贵"等 8 个生字。积累识字方法，养成良好的书写习惯，培养创新精神和创新能力。

2. 正确、流利、有感情地朗读课文。

3. 了解祖国各地的风景名胜，激发学生热爱祖国的思想感情。

教学重点：

正确读写本课生字新词。正确、流利、有感情地朗读课文。

教学难点：

理解"数不尽"的意思，激发学生对祖国河山的热爱之情。

依据本课的教学目标和儿童的认知规律，本节课教学，我将积极倡导自主、合作、探究的学习方式，营造民主、和谐的课堂教学氛围；重视朗读，引导学生在读中体会文本所蕴含的思想感情；并结合实际进行拓展延伸，以评价促进发展。同时将信息技术恰当地融入课堂教学之中，从而构建开放而有活力的语文生命课堂。

下面我从以下五个方面介绍我的教学流程。

一、创设情境，拨动心弦

特级教师于漪曾经说过："课的第一锤要敲在学生的心灵上，激起他们思维的火花，或像磁铁一样把学生牢牢地吸引住。"的确，良好的开端是成功的一半。上课伊始，我首先利用投影，与孩子们一起欣赏大家在旅游时拍下的照片，并动情地说："孩子们，这些照片上的景色美吗？是呀，我们的祖国多么美丽！今天，老师要带领大家去看一看我们美丽的祖国。"这样亲切自然地交流，不仅拉近了我与孩子们之间的距离，而且，不着痕迹地引出课题，使孩子们悄然入境，轻松步入学习之旅。

二、探究交流，智慧共享

孩子是探索奥秘的精灵。语文课标强调，语文教学应立足于促进学生的发展，使他们成为学习语文的主人。二年级下学期的小学生，他们已经掌握了一定的识字方法，初步具备了自主识字的能力。因此，我把学习的时间和空间还给孩子们，为他们构筑发展的平台。为了让自主学习有效，合作学习有果，在学生探究学习之前，我通过白板，为他们提供了这样一份"探究提示"：1.仔细读课文，圈出本课的生字，用自己喜欢的方法学习这些生字。2.认真读课文，想一想祖国哪些地方美？请你做一次小导游向组内同学做介绍，再选出优秀小导游在班上介绍，以此支持学生的自主学习。探究学习的形式有三种：学习个体的自探、学习小组的合探、师生的共探。我鼓励学生自学，倡导合作，大家群策群力，集思广益，从而实现智慧共融。

三、展示评价，成果共享

愿意表现自己是儿童的共同特征。在探究学习结束之后，我为学生提供了展示学习成果的平台，即学生以小组为单位，将学习成果向全班汇报展示。分3个环节进行。

第一环节叫"买门票"，只有把本课生字都能认读下来的孩子才能获得门票。多媒体白板上先出现16个红色生字，学生每读对一个生字时，这个生字将由红色变成绿色，并且飞入该字的音节。汉字颜色的变化再加上门票的刺激，大大激发了学生的识字兴趣，学生必将跃跃欲试。在认读中，我要向学生强调："陕、浙、胜、数"读翘舌音，而"寺、肃、藏"读平舌音。

在学生读准字音的情况下，进入第二个小环节——寻找最佳小游客。我将文本中有关省市名称的词语分为一类，将风景名胜的词语分为一类。并通过白板的形式呈现给学生，特别强调西藏的"藏"，重庆的"重"的读音，读对的，连对的，学生就会获得"最佳小游客"的称号。孩子们特别喜欢以游戏的方式去获得知识，喜欢在不断遇到各种新挑战和不断成功地解决问题的过程中获得自信心，感受和体验到语文学习的乐趣。

接下来，我采用了"美丽中国行，我是小导游"的形式进行随文识字。二年级小学生形象思维占优势，对于图文并茂的文本，孩子们乐于通过朗读、观察插图等手段获得新的尝试和体验。所以，我为文本中每一处风景名胜和文化古迹搭配相应的图片。并且教孩子们用这样的方式向大家介绍："大家好！欢迎您参加美丽中国行，我是小导游（　　）。现在，我们将要参观的是（　　）的（　　）。大家看，这里……你们喜欢这里吗？"这一环节的设计使枯燥的学习内容变得生动起来，孩子们的情绪一下子被调动起来，也锻炼了他们的语言表达能力。与此同时，我鼓励学生用多种方法识记生字，培养他们的创新精神。例如，"床"字，我采用谜语的方法："拆掉床木架，一人好住下"。而"藏"字我则采用字理识字。在指导学生书写生字时，我先引导学生观察汉字的间架结构和笔画特点，探讨书写注意事项。例如，教学"寺""贵""莫"，我强调学生要写好主笔的"横"。而"藏"字除了强调字的间架结构、读音，还要强调字的笔顺。我利用实物展台展示写字成果。在学生展示写字成果的同时，还会伴有多元结构的评价，通过自评、他评，取长补短，相得益彰。

四、读中悟情，情景交融

美文之美在于有感情朗读。课标指出："要重视各个阶段的朗读"。因此。对于这样一篇精致的美文，要让学生充分地进行有感情朗读。我将文本中每一个短语和句子都配上相应的图片，让学生一边欣赏一边纵情朗读。在这一环节里，将有我字正腔圆的范读，也有小溪潺潺似的指名读，还有气势恢宏的全班齐读。学生在读中感悟，在读中培养语感，在读中受到情感的熏陶。从而达到以情带声、以声传情、情景交融的效果。

五、拓展延伸，升华情感

当学生读到"数不尽"时，我强调"数"的读音。并乘机追问：为什么说祖国的风景名胜数不尽？你知道祖国还有哪些有名的地方？有人说，我们的阅读教学，只有充分激活本来凝固的语言文字，才能使其变成生命的涌动。所以，我插入了一段祖国风光视频，美丽的画面，优美的音乐，学生仿佛置身于祖国的山山水水之中，而心头涌动的则是对伟大祖国的热爱与赞美。

纵观本节课教学，学生在自主探究的过程中，领略了语言文字的独特魅力，感受到了祖国河山的壮美，抒发了对祖国的热爱之情。多媒体白板的辅助教学功能得到了充分的发挥，使学生闻其声，见其形，入其境，有助于教学目标的达成。至此，我的生命课堂得到了完美的诠释！当然，也许我的设计与理想的语文课堂还有一定的差距，但每一次行走于课堂之上，其间的努力正是为缩短距离，因为我相信，脚步到达不了的地方，目光可以到达，目光到达不了的地方，梦想可以到达。

语文综合实践活动课《赞美春天》课堂实录

一、激情引趣，走近春天

师：同学们，你们知道现在是什么季节吗？

生：春天。

师：对，是春天。春天是一个迷人的季节，蓝蓝的天空，清清的河水，绿绿的草地，鲜艳的花朵，到处都是一幅幅美丽的画卷。今天，老师为同学们带来了一段关于春天的录像，请欣赏。

生：（看录像）

师：录像中的哪些景物给你留下了深刻的印象？

生1：春天来了，小草发芽了，野花也开了，非常美丽。

生2：小燕子从南方飞回来了，它们边飞边说："春天真美呀！"

生3：小鸭子在河里快活地游泳，我想起了一句古诗，"春江水暖鸭先知"。

师：你们观察得真仔细，想象也很丰富。是呀，春天给我们带来了温暖，带来了美丽，带来了生机。今天我们就来赞美春天（板书课题）

二、交流资料，描绘春天

师：课前，老师布置大家搜集有关春天的资料，你们都找到了什么？

生1：我找到了两首描写春天的古诗。

生2：我找到了一些描绘春天的词语。

生3：我找到了一幅描写春天的文章。

生4：我找到了几幅关于春天的图片。

师：同学们真了不起，搜集到了这么多资料。老师有个提议，我们把搜集到的资料分成几类，然后以小组为单位赞美春天，大家说，好不好？

生：（重新分组。有古诗组、词语组等）

师：请同学们将搜集到的资料先在小组中交流，然后，选出最精彩的向全班同学汇报。表现最好的同学，老师还要为他颁发"春芽"奖，赶快行动吧。

生：（小组交流，准备汇报内容）

师：（巡视指导）

三、汇报展示，赞美春天

师：同学们准备好了吗？哪个小组愿意第一个汇报？

生：大家好！我代表古诗组为大家朗诵一首古诗《春日》……

师：你的声音很洪亮，如果速度再稍快一点儿就更好了，听老师为你范读一遍。（师范读）你再来试试。

生：（再次朗诵）

师：这回很有进步。接下来哪个小组向大家汇报？

生：我代表文章组为大家朗读一篇文章：《春天到了》，春天到了……

师：（用琴配鸭欢、蛙叫、流水声等）

师：你读得很有感情，大家都陶醉了。

生：我们小组为大家准备了一幅好看的图片。（展示）

师：这张图片的确很美，你能把图片上的内容完整地描绘出来吗？

生：春天到了，小草钻出了地面……

师：小草是什么颜色的？

生：嫩绿的。

师：那它是怎样从土里钻出来的？

生：悄悄地。

师：你能重新描绘一下吗？

生：春天到了，嫩绿的小草悄悄地钻出了地面，河里的冰融化了，鱼儿在水里快活地游来游去，小燕子从南方飞回来了，它们一边飞一边唱："小燕子，穿花衣……"

师：你把想象的内容也加了进去，说得好极了！

师：词语组的同学，你们是不是搜集了许多描绘春天的词语呀？谁搜集得最多？

生：我……我……

师：那好，咱们来个词语接龙，比一比究竟谁搜集得最多，好不好？先讲一下规则：你们每个人必须在前一名同学说出词语后的五秒钟之内说出下一个词语，不许有重复。听懂了吗？其他小组同学和老师一起当裁判，咱们共同监督他们的比赛。准备，开始！

生1：春光明媚

生2：春暖花开

　　　……

师：好了，同学们，一场紧张、刺激的词语接龙比赛之后，小组汇报继续进行！

生1：我们集体为大家配乐朗诵散文《春》。

盼望着，盼望着，东风来了……

生2：我在图片中找到了春天。清晨，我推开小窗，一缕阳光射进来，暖暖的……

生3：我为大家朗诵一首古诗《春夜喜雨》……

生4：我们小组通过表演动作来请大家猜描写春天的成语（春风化雨、莺歌燕舞、春风拂面）

生：（众生猜词）

师：老师高兴地看到，同学们不但认真搜集有关赞美春天的资料，而且在小组同学的共同努力下，精心准备了每一个节目，表达了对春天的热爱之情，有没有同学想用其他方式来赞美春天的?

生：我想用歌声来赞美春天。

师：好啊，准备唱什么歌?

生：《小鸟，小鸟》

师：这首歌很好听，老师为你伴奏怎么样? 谁愿意为她伴舞?

生：（歌伴舞）

师：一曲《小鸟，小鸟》唱出了同学们对春天的赞美之情。刚才，我们欣赏了春天的美景，读了描写春天的文章，也唱了描写春天的歌曲，下面让我们在春天的音乐中画出心目中的春天，好吗? 咱们比一比，谁画得最好。

（师生共同作画，赏画）

四、全课总结，珍惜春光

师：这节课，同学们表现得非常出色，不但乐于动脑，而且积极参加各项活动，用优美的词语描绘了春天，用动听的歌喉唱出了春天，用灵巧的手画出了春天。一年之计在于春。老师希望你们能够珍惜大好春光，努力学习。最后，让我们在歌声中结束这节课，让我们把春里最灿烂的笑容留给台下每一位老师、同学们，唱起来，跳起来!

（师生齐唱《春天在哪里》走出教室）

课后反思：

语文活动课，是以活动的方式把素质教育的因素组织起来加以施教的一种新课型。"赞美春天"这节语文活动课，概括起来有以下几个亮点，那就是——"情""活""动"。

"情"是这节课的灵魂。俗话说："好的开端是成功的一半。"课的开始，我先让学生观看一段有关春天的录像，让学生从形、声、色等方面感受春天的美丽可爱，从而确定了本节课的感情基调，创造了良好的活动氛围，可谓是"未成曲调先有情"。课的结尾，我与学生纵情唱歌《春天在哪里》一齐走出教室，深情地投入到大自然春天的怀抱之中。这虽是组织教学的结束，但又是下个活动的开始。总之，一个"情"字贯穿于全课始终，使活动课达到了以"情"致动的效果。

"活"，即手段灵活，形式灵活。这节活动课我采用了录音、录像等现代化教学手段，充分调动学生的视觉和听觉的积极性，使学生由潜在的活动状态变为现实的活动状态。同时我又以诗、词、歌、画；看、听、说、做等多种形式，力求课堂生动活泼，新颖多变，使全体学生都能积极主动地参与活动之中，让他们在活动中去欣赏美、感受美、创造美。

"动"是本节课的目的，是学生主体性发挥的具体体现。这节活动课，我以学生的"动"为主线，在活动中，通过说词、背诗、歌唱、绘画等不同方式，给学生大量的动脑、动口、动手的机会，使知识训练、技能培养与智力开发融为一体，寓教于乐，让学生在充满情趣的活动中，受到教育，获得知识，形成能力，提高了语文素养。

总之，学生在"情""活""动"中，陶冶了情操，展示了自我，学习语文的兴趣得到进一步的激发，语文综合实践能力有了新的提升。

注：此课荣获国家级语文综合实践课一等奖

《乡下人家》教学实录

一、歌曲引情，学生入境

师：同学们好！

生：老师好！

师：今天老师给大家带来一首歌曲，也是老师小时候最喜欢唱的一首歌曲，你们想听吗？

生：想！

师：我们一起来欣赏吧。

生：（欣赏歌曲《乡间的小路》）

师：孩子们，歌曲好听吗？有谁知道它的名字？

生：《乡间的小路》。

师：对，是《乡间的小路》。今天就让我们沿着乡间的小路继续领略乡下人家的风景。（板书课题）

二、回顾课文，把握内容

师：上节课，我们已经初读了课文，想一想，课文描写了哪些景物？

生1：有屋前的挂架、门前的鲜花。

生2：有屋后的春笋、院子里的小鸡、河里的小鸭子。

生3：还描写了门前吃晚饭的情景，夜晚纺织娘的歌声。

师：真棒！经过大家的补充，我们终于把课文描写的景物全记起来了！是的，课文按照方位顺序，一共描写了七处景物，它们分别是——

> 屋前搭瓜架；
>
> 门前种鲜花；
>
> 屋后冒笋芽；
>
> 院里鸡悠闲，
>
> 河中戏水鸭；
>
> 门前吃晚饭；
>
> 夜虫歌唱家。

（教师一边出示以上儿歌，学生一边朗读）

三、抓住中心句，牵一发，动全身

师：你们的声音真好听！会读书的孩子能把一篇文章读成一句话，你能吗？请同学们默读课文，在课文中仔细找一找。

生：（默读课文）

师：找到了吗？谁来读一读？

154

生："乡下人家，不论什么时候，不论什么季节，都有一道独特、迷人的风景。"

师：大家同意吗？

生：同意。

师：（课件出示课文中心句："乡下人家不论什么时候，不论什么季节，都有一道独特、迷人的风景。"）来，孩子们，让我们大声读一遍。

生：齐读。

师："独特"是什么意思？

生1：独有的。

生2：与众不同的。

生3：独一无二的。

师：（课件在"独特"下方出示"与众不同"）

师：说得对。那"迷人"又是什么意思呢？

生："迷人"的意思就是吸引人，使人陶醉的意思。

师：（课件在"迷人"下方出示"使人陶醉"）结合词语的解释，这句话可以怎样理解？

师：乡下人家，不论什么时候，什么季节，都有一道与众不同、使人陶醉的风景。

师：了不起！这句话是课文的——

生：中心句。

师：抓住中心句理解课文是读书的好方法。为什么说乡下人家的景色独特、迷人呢？让我们先来仔细读读课文的第一、二自然段，老师给大家两点提示：（课件

出示）

1.默读课文第一、二自然段，找出描写乡下人家风景独特、迷人的词语和句子，反复读一读，再结合平时生活中你眼里的乡下人家的风景，说一说，你体会到的美。

2.把自己的体会与小组同学交流，准备班上汇报。

四、自主学习，讨论交流

（学生自主学习，教师巡视指导）

五、结合体验，感悟"独特、迷人"的风光

师：看到你们的笑脸，老师就知道你们收获满满。谁能把描写屋前景色独特、迷人的句子给大家读一读？

生："当花儿……可爱多了。"

师：多美的屋前啊！你们体会到了吗？谁能勇敢地说一说？

生：我从"青的、红的和绿绿的"这些表示颜色的词语感受到了乡下人家的屋前五颜六色的，很美。

师：作者从色彩上描写了乡下人家的美。孩子们，其实我们离乡下很近，有的同学就住在农村，现在的乡下可美了，你能结合课文中这句话和你眼里的乡下，说一说，你在乡下还见过哪些美丽的颜色？

生1：我的奶奶就住在乡下，每年秋天，她都会串上几串红通通的辣椒挂在墙上，像节日的鞭炮一样。

生2：每年秋天，我家的院子都堆满了金灿灿的玉米，到了中午，那些玉米在阳光的照射下，发出耀眼的光芒。

生3：我的姥姥家就在农村，姥姥家门前有一个葡萄架，每年秋天，葡萄架上挂满了晶莹剔透的葡萄，就像紫色的水晶，而且香气迷人。

师：孩子们，你们不仅是生活的有心人，而且能将自己的生活体验与读书相结合，让文章变成了活的画面，了不起！你们看，这就是乡下人家门前的瓜架，（出示课件）你还想说点什么？

生1：我感到老乡家的门前特别清新，让我有一种回归自然的感觉。

生2：我认为老乡们很会装扮自己的房屋，他们不去商店里买装饰材料，就用纯天然、纯绿色的植物去装扮房屋，看起来特别自然。

生3：现在城里的一些饭店在装修时就用一些人造的瓜藤、花草来装扮，为的是给顾客们一种回归自然的感觉。

师：说得多好啊！是的，老乡们就地取材，就用瓜呀，藤呀，这些纯天然绿色植物来装饰房屋，既自然又美观，因此说——（引读）

生："青、红的瓜，碧绿的藤和叶，构成了一道别有风趣的装饰（shì），比那高楼门前蹲着一对石狮子或是竖着两根大旗杆，可爱多了。"

师：（出示课件）这是老乡家的屋前，这是城里的高楼门前，你怎样理解这句话（比那高楼门前蹲着一对石狮子或是竖着两根大旗杆，可爱多了）？

生1：老乡家的门前给人一种清新、自然的感觉，而城里高楼门前给人一种庄严、肃穆的感觉。

生2：老乡家门前是自然的美，而城里的高楼门前有了石狮子的装饰，让人感到很严肃。

师：老师赞同你们的说法。乡下人家的屋前的确有一种独特、迷人的美。谁能带着喜爱的语气读一读这句话？

生：（读句子）

师：你觉得刚才这位同学读得怎么样？

生1：我认为读得感情很深，读出了喜爱之情。

生2：如果把"青的、红的""绿绿的"语气再读得轻一些就更好了。

师：说得很有道理，你能读读吗？

生：（读）

师：你读得真好！向你学习。孩子们，看这句话，像这样，把两种截然不同的事物进行比较，这种写作手法就叫作"对比"，能记住吗？

生：记住了。

师：乡下人家的屋前有一道独特、迷人的风景，那屋后是什么样的呢？（出示课件："几场春雨过后，到那里走走，常常会看见许多鲜嫩的笋，成群地从土里探出头来。"）

师：这是一个——

生：拟人句。

师：孩子们好眼力！老师把这句话稍做改动，读一读，比一比，告诉老师，你更喜欢哪一句？（课件出示：

几场春雨过后，到那里走走，常常会看到鲜嫩的笋从土里长出来。）

生1：我更喜欢第一句。因为从"探"这个词我可以感受到，笋芽胆子很小，就像刚出生的孩子，没见过什么世面，有点害怕，所以它是试探着把头伸出来。

生2：我也喜欢第一句，"探"字能突出笋芽的可爱。

生3：我还喜欢第一句中的"成群"，从这个词可以看出笋芽很多，是成群结队生出来的。

师：是呀，相比之下，老师改动后的句子显得平淡多了。谁能美美地读一读？

生：（读）

师：读得真好！其实"雨后春笋"是一个成语，常用来比喻事物一时间迅速大量地涌现出来。你们看，这几年，我们县城里建了许许多多高楼，我们就可以说，这几年，县城里的高楼如——

生：（接）雨后春笋般拔地而起。

师：你们能举一反三，真好！对于热爱生活的老乡们来说，仅仅打扮房前屋后是不够的，他们在门前也动起了心思。那里又是一派怎样的风光呢？谁来读一读？

生：（读）

师："依着时令，顺序开放"是什么意思？

生：就是按照季节和时间，有顺序地开放。

师：说得对。（出示课件）你们看，这是春天的芍药、夏天的凤仙花、这是的鸡冠花和大丽菊，漂亮吗？（课

件出示）

生：漂亮。

师：谁能用一个词来形容一下？

生1：万紫千红。

生2：争奇斗艳。

生3：百花齐放。

……

师：你们的积累真丰富！乡下人家一年四季，花开不败，那为什么又说"朴素中带着几分华丽呢？"（出示课件）大家认识这几种花吗？

生：玫瑰、康乃馨、百合。

师：谁能结合图片来说说你对这句话的理解？

生1：老乡家门前的花与花店里的康乃馨、玫瑰、百合相比，显得很朴素，但也很美。

生2：老乡家门前的花虽然没有玫瑰、康乃馨这些花看起来华贵，但是，它们也是绚丽多彩的，很美丽。

师：让我们一齐把这种"独特、迷人"的美！读出来吧。

生：（齐读"有些人家……一派独特的农家风光。"）

师：课文中作者除了写植物的美，还写了什么？

生：还写了小动物。

师：孩子们，文字的背后是有故事的，仔细读一读这段话，想一想，你想到了哪些情景？

生1：大公鸡头顶大红冠，脚穿金黄的靴子，昂首挺胸，在房前屋后走过来走过去，样子十分威武。

生 2：大公鸡好像大将军一样，在四处巡逻。

生 3：鸡妈妈带领一群小鸡找吃的，它一边走一边警惕地看着四周，生怕有人来欺负它的孩子。

生 4：小鸭子在河里洗澡、捉鱼，它们高兴得嘎嘎直叫。

师：小鸭子为什么看见河边有人在捣衣，也从不吃惊呢？

生 1：因为人们从来不伤害它们。

生 2：因为它们已经和人类成了好朋友。

师：对，这也是一种人与动物的和谐美。

师：乡下这样美丽、有趣，你们在乡下吃过晚饭吗？谁能结合自身经历谈一谈？

生 1：每年暑假，我都去奶奶家，我们经常在院子里的葡萄架下吃晚饭。傍晚，天气十分凉爽，葡萄架上挂满了一串串翠绿的葡萄，看起来，心情特别愉快，所以吃起来也特别香。

生 2：我叔叔家的院子特别大，比我家的餐厅大几倍，在院子里可以一边看风景一边吃晚饭，别有一番滋味。

生 3：夏天的傍晚，天气凉爽，天边的云也很美丽，我们可以一边吃晚饭，一边欣赏风景，所以，大家特别高兴。

师：是呀，这是一件多么惬意的事啊！齐读！（"天边的红霞……田园风景画。"）

生：（齐读）

师：联系自己的生活经历读课文，你会对文章有更深刻的体会。乡下的傍晚是美丽的，乡下的夜晚也是迷人的。谁来读读这一段？

（课件出示："秋天到了，纺织娘寄住在他们屋前的瓜架上。月明人静的夜里，它们便唱起歌来：'织，织，织，织呀！织，织，织，织呀！'那歌声真好听，赛过催眠曲，让那些辛苦一天的人们，甜甜蜜蜜地进入梦乡。"）

生：（读）

师：听了纺织娘的歌声，人们会怎么样呢？

生1：人们忘记了一天的疲劳。

生2：人们会进入甜甜的梦乡。

生3：纺织娘的歌声就像摇篮曲一样动听，人们甜甜地睡着了。

师：月明夜静，人们伴着虫儿的歌声，那梦准是又香又甜。请大家齐读！

（课件出示："那歌声真好听，赛过催眠曲，让那些辛苦一天的人们，甜甜蜜蜜地进入梦乡。"）

生：齐读。

师：孩子们，课文读到这，你想说些什么？

生：乡下的风景真美啊！

生：我今年暑假一定要去乡下多住几天。

生：乡下人家，不论什么时候，不论什么季节，都有一道独特、迷人的风景。

师：请大家再读这句话。

生：乡下人家，不论什么时候，不论什么季节，都有一道独特、迷人的风景！

六、拓展链接，升华情感

师：是啊，不光是文中的作者，从古到今，有多少诗人向往、赞美田园生活，写下了流传千古的美篇。像孟浩然的"绿树村边合"——

生："青山郭外斜。"

师：翁卷的"绿遍山原白满川——

生："子规声里雨如烟。"

师：陶渊明的"采菊东篱下——

生："悠然见南山。"

师：这些诗句无不流露出作者对田园风光的赞美和对田园生活的热爱。最后，老师把根据课文内容改编的一首小诗送给同学们，我们一起来读。

> 长藤绿叶红瓜，
>
> 春雨嫩竹鲜花，
>
> 家鸡悠闲自在，
>
> 小桥流水戏鸭，
>
> 夕阳鸟儿如画，
>
> 月明虫唱瓜架，
>
> 最美乡下人家。

师：下课，同学们再见。

生：老师，再见。

板书设计：

乡下人家

长藤绿叶红瓜，

春雨嫩竹鲜花，

家鸡悠闲自在，

小桥流水戏鸭，

夕阳鸟儿如画，

月明虫唱瓜架，

最美乡下人家。

创新设计介绍

《乡下人家》是人教版小学语文四年级下册第六单元的第一篇文章，该文结构清晰，语言朴实自然，读起来有清风拂面之感。课文抓住乡村最普通的事物和场景，呈现出青瓜绿藤、鲜花盛开、雨后春笋、鸡鸭觅食、院落晚餐、月夜虫鸣等六幅自然质朴、亲切祥和的农家画面，展现了乡下人家自然和谐、充满诗意的乡村生活，赞扬了乡下人家热爱生活、善于用自己勤劳的双手装点自己的家园、装点自己生活的美好品质。本单元的主题是"走进田园生活"，旨在通过教学，使学生感受田园独特、美丽的风光，激发学生对田园生活的热爱。

四年级小学生的思维发展正处于由具体形象思维向抽象逻辑思维过渡的阶段，由于班级内大多数小学生对乡村生活并不陌生，所以在教学中，利用课件、有感情朗读、唤醒原有生活体验等手段引导学生体会、感悟乡村美风景的美丽和生活的美好，激发学生对田园生活的热爱。

一、歌曲引情，学生入境

特级教师于漪老师曾经说过："课的第一锤要敲在学生的心灵上，激起他们思维的火花，或像磁铁一样把学生牢牢地吸引住。"因此，课的开始，与学生一起欣赏歌曲《乡间的小路》，美妙的歌曲和屏幕上生动的画面把孩子们悄然带到美丽的乡村，孩子们自然会因情而动，因动而学，进入学习佳境。

二、回顾课文，把握内容

课标指出，第二学段的阅读，学生要"能初步把握文章的主要内容"。由于本节课教学是第二课时，所以，在深入理解、感悟文本前，要引导学生回忆课文描写的主要事物，这一环节的设计，不仅仅是带领学生复习上节课的知识，更重要的是让学生对文本内容有一个整体的认识，在头脑中形成完整的结构框架，遵守整体一部分—整体的阅读顺序，为深入学习文本做好必要的铺垫。

三、抓住中心句，牵一发动全身

"乡下人家，不论什么时候，不论什么季节，都有一道独特、迷人的风景。"这句话不但是课文的结尾段，而且是全文的中心句。在学生对文本主要内容有了初步感知的基础上，引导学生找出课文的中心句，有利于学生把握文章的主题。在此基础上，抓住句中的关键词语"独特"和"迷人"，引导学生理解词语意思，并引发思考：为什么说"乡下人家，不论什么时候，不论什么季节，都有一道独特、迷人的风景"？学生将会带着问题去读文，可谓是"牵一发而动全身"。而且，在教学每一处景物时，最后都要回归到"独特、迷人"这一中心，达到一咏三叹的效果。古人云："授人以鱼不如授人以渔"抓住中心句读文章是阅读的好方法，作为语文教师，应该渗透读书方法，让学生受益终身。

四、自主探究、合作交流

孩子是探索奥秘的精灵。语文课标强调，"语文教学应立足于促进学生的发展，使他们成为学习语文的主人。"因此，作为教师，要把学习的时间和空间还给学生，为他们构筑发展的平台。为了让自主学习有效，合作学习有果，在学生探究学习之前，为他们提供了一份探究小提示："默读课文第一、二自然段，找出描写乡下人家风景独特、迷人的词语和句子，反复读一读，再结合平时生活中你眼里的乡下人家的风景，说一说你体会到的美"，以此支持学生的自主学习。通过学习个体的自探、学习小组的合探、师生的共探，群策群力，集思广益，从而实现智慧共融。

五、注重体验，品读感悟

由于班级大多数小学生对农村生活都有丰富的体验，因此，在教学中，引导学生联系已有的生活经历进行阅读，使学生的经历与文本内容自然融合，与作者情感产生共鸣，在阅读中，学生不仅能看到课文中所描写的画面，还能看到文字背后更多的精彩的活的画面。课标指出，"要重视各个阶段的朗读"。教学中，为学生设计和安排了多种形式的读，如指名读、齐读、引读等，学生在读中进一步感受到了乡村风光的美丽、迷人，也抒发了对乡村生活的热爱。实现了"在读中有所感悟，在读中培养语感，在读中受到情感的熏陶"的目标。此外，在本环节中，还进行了换词训练、想象画面、积累词语等训练，力求将语文的人文性与工具性有机结合起来。

六、拓展链接，感悟升华

课的结尾，与学生共同吟诵描写田园风光的古诗，让学生体会到中国田园文化的魅力，并且将课文改编成一首绮丽的小诗，不但使阅读再次回到整体，给学生一个完整的感受，而且升华了学生对田园风光赞美之情和对田园生活的热爱之情。

总之，本课教学突出了以人为本的教学理念，教学中以学生为主体，充分发挥学生的主动性和积极性，引导学生读中赏词、品句；读中积累、感悟；读中质疑、探究；读中想象、迁移，从而培养学生的理解能力、表达能力、想象能力和创新能力。

《临死前的严监生》教学设计

教学内容：

《临死前的严监生》是人教版小学语文五年级下册人物描写一组中的第二篇课文。这篇文章选自我国古典讽刺小说《儒林外史》，课文节选的片段不长，只有区区三百字左右，但是语言精炼传神，活脱脱地刻画了一个吝啬鬼形象。这个片段记叙了严监生临终前因灯盏里点了两茎灯草，伸着两根指头不断气，直到赵氏挑掉了一茎，才一命呜呼的故事，刻画了爱财胜过生命的守财奴的形象。

教学目标：

1. 认识"侄""痰"两个生字，会写"监""侄""郎"三个生字，能正确读写"侄儿、穿梭、郎中"等词语，理解白话文用词的古今异义。

2. 正确、流利地朗读课文，在品读中感受严监生这个鲜活的人物形象。

3. 理解课文内容，学习通过动作、神态的细节描写表现人物特点的写作方法。

4. 激发学生阅读名著的兴趣。

教学重点：

通过抓住人物动作、神态描写来感受严监生的吝啬鬼形象。

教学难点：

学习通过动作、神态细节描写表现人物特点的写作方法。

教学过程：

一、导入新课

1. 师生谈话：老师听说大家最近在读名著是吗？你最喜欢名著中的哪个人物，为什么？（学生畅所欲言）

2. 看，读书多好！让我们认识了这么多个性鲜明的人物。今天，我们再来认识一个人，他叫——严监生。（板书课题，强调"监"的读音）

3. 介绍"监生"（明朝和清朝时期，国家的最高学府叫国子监，那里的学生就叫"监生"）

4. 介绍严监生的另外一重身份。（严监生还是一个大财主，据小说《儒林外史》中介绍：严监生家财万贯、良田万亩、童仆成群、牛马成行）

5. 引入课题。（严监生的确有钱，但是，再多的金钱也无法阻止他走向生命的尽头，这节课我们来学习《临死前的严监生》）

二、质疑导学

1. 一个大财主马上就要断气了，此时，你有什么感兴趣的问题吗？

预设问题：

（1）严监生把遗产分给谁了？

（2）严监生临死前最放不下的是什么？

（3）严监生临死前说了什么？做了什么？

2. 你们提的问题老师也很感兴趣。是呀，严监生临死前做了什么？他究竟是一个什么样的人呢？我相信这些问题大家通过努力都能自己解决。

3. 出示"探究提示"：

（1）结合注释，认真读课文，找出描写严监生病情严重的词句，注意作者的写法。

（2）找出严监生回应众人猜测时的动作和神态描写，猜一猜他的内心活动，说说他是什么样的人。

（3）小组内汇报，准备班上汇报。

三、汇报展示，感悟严监生的人物性格特点

（一）检查字词掌握情况。

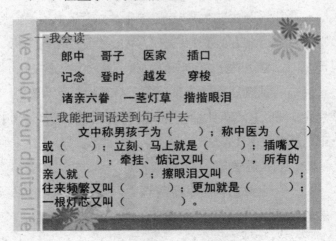

一.我会读

郎中　　哥子　　医家　　插口

记念　　登时　　越发　　穿梭

诸亲六眷　　一茎灯草　　揩揩眼泪

二.我能把词语送到句子中去

文中称男孩子为（　　）；称中医为（　　）或（　　）；立刻、马上就是（　　）；插嘴又叫（　　）；牵挂、惦记又叫（　　），所有的亲人就（　　）；擦眼泪又叫（　　）；往来频繁又叫（　　）；更加就是（　　）；一根灯芯又叫（　　）。

（二）感悟严监生病重的语句。

1. 严监生马上就要死了，说明他病得不轻，从哪些语句中能看出严监生病得很重？

"过了中秋，医家都不下药了。"说明严监生已经无药可治了。

"诸亲六眷都来问候。五个侄子穿梭的过来陪郎中弄药。""穿梭"说明严监生的病得到了亲戚们特别重视。

"晚上，来了一屋子的人。"亲人们要见严监生最后一面。

"喉咙里的痰响得一进一出，一声不倒一声的。""自此，严监生的病一日重似一日，再不回头。"说明已经没有回天之力了，马上就要断气了。

此时的严监生已经（　　　）。（扩词训练）

2. 请大家仔细读读描写严监生病重的这些句子，想一想这两部分在描写上有什么不同？

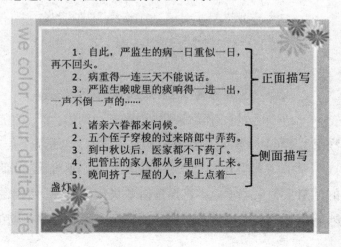

好眼力！像这样，通过直接刻画人物的动作、语言、外貌，以及心理活动的方法叫作直接描写；像下面这些句子，通过刻画其他人和事间接表现所要描写的对象，这种方法叫作间接描写。只有通过不同角度的描写，人物形象才会更具体、鲜明。老师期待大家今后的习作中能恰当运用正面描写和侧面描写。

3. 感悟严监生爱财如命。

（1）严监生病情恶化到如此地步，可他就是不断气，他的两个手指一直指着不倒。（板书：两个手指不倒）面对众亲的猜测，严监生是如何回应的？

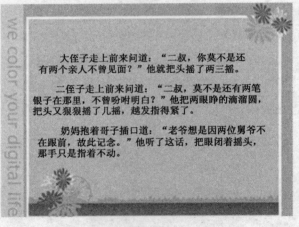

大侄子走上前来问道："二叔，你莫不是还有两个亲人不曾见面？"他就把头摇了两三摇。

二侄子走上前来问道："二叔，莫不是还有两笔银子在那里，不曾吩咐明白？"他把两眼睁的滴溜圆，把头又狠狠摇了几摇，越发指得紧了。

奶妈抱着哥子插口道："老爷想是因两位舅爷不在跟前，故此记念。"他听了这话，把眼闭着摇头，那手只是指着不动。

（2）细心的同学会发现，众亲三次猜错，严监生三次都做了回应，然而，这三次回应是不同的，这是为什么？

（3）从严监生的动作和神态里，我们不难看出此时的严监生越来越着急，甚至还有些失望和气愤，那怎样才能读出严监生当时不断变化的复杂心情呢？众亲的语气又应该怎样读呢?

　　a.“狠狠”“睁”……要重读，读出严监生着急、失望的语气，最好能加上动作。

　　众亲的话要亲切，带有猜测、试探的语气。

　　b. 指名读，师生评价。

　　（3）孩子们，动作就是无声的语言。如果此时严监生能说话，他会说什么呢?

　　大侄子猜错了，严监生——“把头摇了两三摇”（引读）他想说：_____

　　二侄子也猜错了，严监生——“把头又狠狠摇了……”他想说：_____

　　奶妈还是猜错了，严监生——“把眼闭着……”他想说：_____

　　（4）你们的想象太丰富了！现在，你知道严监生为什么一直伸着两个手指了吧?（板书：只为一茎灯草）

　　（5）此时，你想对严监生说什么?（严监生啊，你真是一个（　　　）的人！）

　　预设：

　　严监生是一个爱财如命、吝啬……的人。

　　严监生是一个节俭的人。

　　大家有不同意见吗?（生辩论）

　　师介绍：据小说《儒林外史》描述，严监生生前，他的亲戚向他借银子，严监生总是以各种理由推辞。严监生家里平时是吃不到猪肉的，只有他的小儿子馋了，严监生才到肉店里花上四个钱买一点，其他的家人是没有份的。严监生今天病入膏肓和他自己有关，得病初期，严监生是舍不得花钱买药吃的。

孩子们，像严监生这样，生前，把金钱看得比亲情还重要，比自己的健康还重要；临死前，他惦记的不是两位亲人，而是——两茎灯草，不是两笔银子，而是——两茎灯草，不是两位舅爷，而是——两茎灯草！

这样的人，我们能说他是节俭吗？对，他就是地地道道的爱财如命的吝啬鬼！（板书：爱财如命）

（6）体会悬念手法的妙处。

还记得在作文的时候，老师经常叮嘱大家要详略得当，可是在这个选段中，严监生伸出两个手指的谜底最后才揭晓，作者运用大量笔墨描写了众亲的猜测和严监生的回应，难道是详略出了问题？（学生各抒己见）

这就是悬念的魅力！

四、课外延伸

孩子们，喜欢这样的故事吗？那就让我们走进小说《儒林外史》感受作家吴敬梓先生笔下那些可悲、可叹，又可笑的封建社会读书人的生活百态。

板书设计：

临死前的严监生

只为一茎灯草　　　　两个手指不倒

爱财如命

教学反思：

《临死前的严监生》是第七单元人物描写一组课文中的第二篇，节选自我国古典讽刺小说《儒林外史》。课文节选的片段不长，只有区区三百字左右，但是语言精练传神，活脱脱地刻画了一个吝啬鬼形象。这个片段记叙了严监生临终前因灯盏里点了两茎灯草，伸着两根指头不断气，直到赵氏挑掉了一茎，才一命呜呼的故事，刻画了爱财胜过生命的守财奴的形象。

那么如何让学生感受到严监生那种爱财胜过爱命的吝啬鬼形象呢？我觉得只有引导学生对文本进行反复的朗读和感悟，透过严监生的动作、神态，才能走进他的内心，体会到人物的性格特点及表现人物特点的写作方法。

一、搜集课外资料，丰满人物形象

上课前，我读了《儒林外史》的第五回，对原文有一定的了解，知道严监生原名严致和，是一个非常富有的人，"家有十多万银子，钱过百斗，米粮成仓，童仆成群，牛马成行"。对于这样一个人，本应该丰衣足食，但是平日里，他"夫妻四口在家里度日，猪肉也舍不得买一斤，每常小儿子要吃时，在熟肉店里买四个钱的哄哄他就是了"。他这样拼命地节制一切费用，终于营养不良而染了疾。即使生病以后，仍旧"每晚算帐，直算到三更"，病得吃不下饭，还要在"家前屋后走走"，看守他的财产。卧床不起了，还一心"想着田上要收早稻，打发了管庄的仆人下乡去，又不放心，心里只是急躁"。病入膏肓时，还"舍不得银子吃人参"。这种对财物的过分爱惜，足可见其吝啬。在教学感悟严监生这个人物形象时，通过补充严监生的背景资料，了解他的家庭背景，使学生能更好地理解人物的性格特点。

二、细读文本，抓人物的动作、神态，体会人物的内心世界

在学习严监生的动作、神态的句子的时候，我抓住文中"两根指头"这一细节，让学生感悟、思考：严监生都已经病得奄奄一息了，为什么还伸着两个指头，这两个指头代表的到底是什么呢？这么多人猜测，却没有一人能真正理解他的内心，他不住地摇头，"那是怎样的摇头？""面对大侄子、二侄子、奶妈一再的误解，此时此刻他的内心怎样？"引导学生体会严监生的急切，心急火燎。"没人能理解他，没人能读懂他，此时他的心里只有什么呢？"让学生体会严监生从失望到绝望的心情。"此时的严监生真是有口不能言啊，如果可以，他会说什么呢？"通过这样一步一步地引领，让学生通过语言文字走进人物内心，真正感悟到严监生的吝啬。

三、感受人物形象，学习写作方法

在对文本有了深刻理解后，我问学生："你想对严监生说些什么？"很多学生都说他吝啬、爱财如命，也有学生说他是勤俭持家、是节约。为了让学生真正把握人物形象，我先让他们理解吝啬和节约各是什么意思？

吝啬是指过分爱惜自己的钱财，当用的不用，而节约是指节省，不浪费的意思，二者有本质上的区别。然后，我让学生再读课文，找出严监生临死前的动作和神态描写，并根据动作神态的变化揣摩他当时的心理活动，让学生意识到严监生把一根灯草看得比生命、亲情、财产都重要，这就是吝啬。其实，对于这一人物的理解，也许不同的人去读，会有不同的感受。正如一千个读者就有一千个哈姆雷特，这是很正常的现象。在阅读教学中要强调多元解读，强调独特感受和体验，但是任何作品的价值都有一个主流解读。主流解读是大多数读者的理解和体验，也是我们解读作品、理解作品的基础。所以，我在引领学生辨别价值观的过程中起到了一个良好的主导作用。

这篇课文出自我国著名的长篇讽刺小说《儒林外史》，本册课本，像这样选自经典名著的文章还有很多。讲解这样的课文，我们到底要教给学生什么？怎么教？如何将这类课文置于大文化背景中，既让学生理解课文，又能掌握写法，还能真正地激发他们的阅读兴趣，是一个巨大的难题。"路漫漫其修远兮，吾将上下而求索。"也许，在以后的教学中，我会有更大的收获。

《田园诗两首》教学实录

教学目标

1. 学会"昼""耘""绩"三个生字,掌握多音字"供"。

2. 借助课文注释、插图、课外资料,理解诗意,并能用自己的语言表达诗意。

3. 引导学生想象意境,感受田园生活和情趣。激发学生对乡村生活的喜爱和对劳动人民的热爱。

4. 激发学生对祖国古诗词的热爱,养成主动积累的习惯。

教学重点:

理解诗句,引导学生想象意境,感受田园生活和情趣。

教学难点:

体会两首古诗表达的意境。

教学准备:

1. 学生收集关于两首诗的资料。

2. 多媒体课件。

教学过程:

一、对诗入境,轻叩诗歌大门

师:吴老师听说咱班同学古诗积累很丰富,我想考考大家,你们愿意接受挑战吗?我出上句,请你来对下句：

山重水复疑无路——

日照香炉生紫烟——

乡村四月闲人少——

昼出耘田夜织麻——

同学们果然名不虚传，老师要为你们点"赞"！刚才，后两句诗同学们对起来有些困难，没关系，你们看，它们在这两首诗里：

（课件出示古诗《乡村四月》《四时田园杂兴》）

师：今天我们就来学习这两首古诗：《乡村四月》《四时田园杂兴》。

二、捕捉异同，引导质疑

师：读一读这两首古诗的题目和作者，它们有什么相同之处吗？

生：这两首诗都是写乡村生活的。

师：你的眼睛真锐利！是从哪个地方看出来的？

生：我是从"乡村"和"田园"两个词中看出来的。

师：（板书乡村、田园）

师：不错。还有发现吗？

生：两首诗题目都有"四"字。

师："四月"和"四时"的意思一样吗？

生："四月"是一年中的第四个月份，而"四时"应该是一年当中的四个季节。

师：了不起！你说得很对，"四月"是一年中的第

179

四个月份，而"四时"应该是一年当中的四个季节。听明白了吗？（板书：四时）

生：听明白了。

师：这个题目中还有一个"兴"，（板书：兴）是什么意思？可能以前同学们都没有接触过古诗中的"兴"，对它有些陌生，别急，老师告诉你们："兴"就是起兴，是借助一些事物引发的即兴作品，它是古代诗歌中一种常用的表现手法。你们以后还会在其他的诗里见到它。好，题目我们弄懂了，你还发现两首诗有什么相同的地方？

生：两首诗的作者都是南宋诗人。

师：是的。课前，老师已经布置大家收集两位诗人的资料，谁愿意与大家分享你的收获？

生：（简介诗人）

师：是呀，两位诗人是南宋田园诗创作的集大成者，范成大晚年写成的《四时田园杂兴》六十首更堪称南宋田园诗的典范。（板书：宋代名家）

师：孩子们，你们已经学过好多首古诗，你能说说你是怎样学习古诗的吗？

生：首先，要把古诗读准确，读生动，再理解它的意思。

师：你说得对，学习古诗的第一步就是要把古诗读准确，读通顺，读流利。读过关了，接下来还要把每一句诗的意思弄明白，怎样才能理解诗句的意思呢？

生：结合注释理解。

生：先把每个字或词的意思弄明白，再把这些字词的意思连起来，就是诗的意思。

生：还可以查资料来理解。

师：孩子们，你们说的这些都是学习古诗的好办法。还有补充的吗？

生：可以结合插图来理解。

师：也是个好办法。

生：最后还要把古诗有感情地背诵下来。

师：是呀，古诗是我们中华文化的瑰宝，要牢牢地把它记在我们的脑子里。看来，你的方法比老师的管用，真是会学习的孩子！既然大家掌握了这么多好方法，老师想让大家自己试着学习这两首古诗，你们行吗？

师：我喜欢勇于挑战自己的孩子！学习前，老师想给同学们一点提示。（课件出示）

1. 先把两首古诗读正确、流利。

2. 再用自己喜欢的方法理解诗句的意思，想一想，诗中表达了诗人怎样的思想感情？

3. 把不懂的地方标记下来。

三、自主探究，合作交流

1. 学生结合注释、工具书和书中的插图来自学两首古诗，教师巡视指导。

2. 自学后在小组内交流自己的学习收获，并准备班上汇报。

四、展示分享，感悟意境

（一）朗读展示

师：学一首古诗，要先从读开始，谁能勇敢地给大家读读？真踊跃！我们一首一首读。

生：（读诗）

师：大家要注意"杂""蚕桑"读平舌音；"插""织"读翘舌音，"供"读一声。你们自己读读。

师：这回我们男生、女生分别来读，咱们比一比，哪个队读得好！

师：谁来说说你们小队读得怎么样？你想向对方团队学点什么？

生：我认为我们男生读得比较有气势，但是我听到有的同学停顿不是很好，女生的停顿比我们读得好，值得我们学习。

师：你的评价很客观，是的，读诗就要有气势，还要读出诗的节奏韵律美，大家同意吗？女生有想说的吗？

生：我们觉得男生还应该在读音上下些功夫，因为，刚才听到个别同学平翘舌不是很准确。

师：读准字音是读故事最起码的要求，这个建议男生能接受吗？

生：能。

师：大家取长补短，老师相信你们这次一定能读好。让我们齐读这两首诗。

生：（齐读）

（二）理解诗意

师：会读诗的孩子能把一首诗读成一幅美丽的图画，你们能吗？

生：（以组为单位汇报两首诗的诗意，其他小组补充）

师：老师考考大家："蚕桑"是什么意思？

生：种桑养蚕的意思。

师：对。我们来写写这个词，"天、虫"为蚕；"桑"三个"又"写的时候注意穿插，错落有致。

师：（师一边讲解一边示范）

生：（练写）

师：你们看，优美的古诗配上刚劲漂亮的中国字，就更有意境了。

师："儿女"是什么意思？

生："儿女"就是男女。

师：看来真难不倒大家。我们已经理解了每一句诗的意思，下面请同桌之间互相说说整首诗的意思，开始吧。

（三）品读悟情

师：诗中有画，画中有诗。读着诗句，看着插图，你看到了什么？听到了什么？

生：我仿佛看到了原野的水面映着天空的光辉。

师：出示课件（"白满川"的乡村画），我们来看一看这一幅画，天空的光辉是——白茫茫的，原野水面的颜色是——白茫茫的，用诗描述就是——

生："白满川"。

生：我仿佛看到了绿的山陵、绿的原野。

师：是啊，还绿了什么呢？（出示课件"绿遍山原"乡村画）

生：绿了树木。

生：绿了田野。

生：绿了大山。

师：绿了这么多，真是——

生：绿遍山原。

师：我们来齐读这一句诗吧！

师：好，你还听到了什么，继续交流汇报。

生：我仿佛听到了杜鹃鸟在叫。

生：我看到了雨下得像烟一样。

师：那是什么样的雨？

生：蒙蒙细雨。

师：谁能用诗中两句诗来赞美这幅画？

生：绿遍山原白满川，子规声里雨如烟。

师：带着赞美的感情读这两句。（练读）

师：你还知道哪些描写春雨的诗句？（课件出示：细雨鱼儿出，微风燕子斜。好雨知时节，当春乃发生。天街小雨润如酥，草色遥看近却无）

师：是啊，多么秀美的田园风光啊！（景秀）人们在干什么呢？我们来读读三、四句。你读完后感受到什么了呢？

生：我们感受到他们好忙。

生：乡村的人们干完这样，就忙那样，没有闲着的时候，他们很勤劳。

师：好，读一读那里的繁忙（板书：人忙）。

生：（生读诗句）

师：读到这，老师也来作两句诗，你们帮我好吗？（出示：才又）下课了，操场上的同学们可真高兴啊！我说，校园课间孩童忙，你来接——

生：才了爬杆又跳绳

生：才了跑步又打球

师：同学们真高兴啊！勤劳的乡村人用自己的双手收获了自己的劳动成果，收获到了快乐，让我们带着快乐的心情来诵读全诗吧！

（二）诵读《四时田园杂兴》

师：刚才，我们在《乡村四月》这首诗中，读出了村民在优美的乡村画卷中，快乐劳作的情景。那么，《四时田园杂兴》诗中又展现了什么样的画面，那里的人们又在忙些什么呢？

生：我看到诗中村庄男女和儿童忙碌着。

生：我看到了村庄男女白天耕田，晚上织麻。

生：我看到了儿童学种瓜。

师：真了不起！你们透过诗句，看到这么多生动的景象，我们再来读一遍诗，读出那份繁忙来。

（指名读——示范读——齐读）

师：村庄儿女还做了哪些农活？

生：养猪。

生：种菜。

……

师：多么勤劳的人们！（板书：农家儿女劳作美）让我们带着敬佩之情再来读这首诗。

师：孩子们，我从你们的读中果然看到了夏日农忙时节农家人的繁忙。

师：诗人晚年隐居故乡石湖，投入到美好的乡村生活之中，诗人面对此情此景会对这里的人们说什么呢?

生：多么勤劳能干的乡村儿女啊！

生：多么懂事能干的乡村孩子啊！

生：多么美好的乡村生活啊！

（情景再现：师扮老人，学生扮童孙）

师：孩子，你还不懂怎样耕织啊！

生：老爷爷，我可以在桑树旁学习种瓜啊！

师：多勤劳的孩子！（板书：孩童勤）多么纯朴的劳动人民，多么朴素的田园生活！忙忙碌碌却开开心心。现在你知道诗人为什么说"乡村四月闲人少"了吗?

师：（引读）乡村四月闲人少——

生：才了蚕桑又插田。

师：乡村四月闲人少——

生：昼出耘田夜绩麻。

师：乡村四月闲人少——

生：也傍桑阴学种瓜。

（四）背诵积累

师：读到这里，现在两首诗在情感的表达上你认为有什么相同处？

生：两首诗都表达了诗人对田园生活的热爱和向往。

师：诗中充分表达了诗人热爱田园生活的美好情感。（板书：满诗情）

生：齐声诵读两首古诗。

四、总结异同，拓展延伸

师：从古到今，多少文人墨客，陶醉在远离尘世、民风朴实的乡村世界，用心灵触摸田园风光，用情浓意切的诗笔勾勒农村景象的清新朴实。两首诗在内容和情感上就是这样相容相通，翁卷笔下多了一份对田园风光的欣赏与热爱，范成大笔下多了一份对乡村孩童勤劳品质的赞美。让我们在课程结束时再次领略田园生活的美好，背诵两首古诗。

（配乐，出示乡村画面）

师：下课，同学们再见。

生：老师，再见。

板书设计：

古诗两首

乡村田园四时兴，

景秀人忙孩童勤。

农家儿女劳作美，

南宋名家满诗情。

教学反思：

《乡村四月》和《四时田园杂兴》是小学语文四年级下册的第23课《古诗词三首》中的两首古诗，本节课教学，我主要通过对比融通与想象入境这两种方式来启发引导学生进行古诗学习。

本节课的教学，我尝试突破以往古诗教学的模式，即通过合并主题、资源整合突破古诗教学逐首讲解的教学模式；通过对比诵读、探究异同、突破古诗逐句解读的教学模式；通过补白、变序等突破单一想象意境的教学模式。其原因是，我在备课时发现这两首诗有相通之处，都是写春末夏初的，都有体现乡村人们繁忙的诗句，都抒发了诗人对田园生活的赞美与热爱。于是我想到了将两首古诗进行融通，采用"合—分—合"的教学思路。具体体现在：

合：在教学伊始，我引导学生从题目、作者上找相同，实现两首诗主题的合并。对比着理解诗题，了解诗人。在合作交流中，同时进行了两首诗的诗意疏通。

分：在理解两首诗的内容相同之处后，以《乡村四月》想象融情为主，运用"才了……又……"这个语言训练点的设计，引带《四时田园杂兴》的学习。"诗中有画，画中有诗"是田园诗的一大特色，于是采用分别展开想象两首诗的画面来诵读。

合：在两首诗情感融通的教学后，借助诵读，以"乡村四月闲人少"一句，将两首诗再次整合，诗句的互通，让学生更加清晰两首诗从内容到情感的相同之处。

按照这样的教学结构，纵观下来，基本上实现了教学目标。但同时也看到教学中的不足之处。

一、模式上的突破还显保守。在教学中还存在"逐首教学"的痕迹，怎样能将两首诗的解题、正音、疏通、悟情、积累更好地联系起来，更加浑然一体，实现有效地整合，是值得深思的。

二、诵读悟情过于依赖学生的想象。古诗本身年代久远，时间跨度大，学生阅历有限。教学中学生通过诗句想象画面的诵读要求太多，面面俱到，所设计的教学内容不够简约。在何处展开想象，从而实现丰满解读，才能让学生学得兴趣盎然，这是我今后努力研究的一个方向。

三、诗的文化底蕴不足，课上拓展积累单薄。这两首诗的教学，只是在《乡村四月》中关于雨的诗句整合进来。其实田园诗特点鲜明，很多诗与本节课的两首诗都有异曲同工之妙，如辛弃疾的《西江月》，范成大的《四时田园杂兴》六十首中的其他古诗，都可以与本节课教学整合、拓展。这样，整节课教学古诗的文化底蕴才能有所提升。这一点也是执教本课过程中最值得反思之处。

古诗教学是阅读教学的一大难点。本课在新课程理念的引领下，在古诗教学模式上有些许突破，但限于个人教育智慧、文化底蕴等因素，教学效果还有待提高。今后，将坚持在新课程理念的引领下，知难而上，勇于求索，不断开阔课程视野，提高专业素养，力争实现古诗教学更高、更新的突破。

《用数对确定位置》教学实录

设计意图：

尊敬的安石小学各位领导、老师：

大家上午好。很荣幸，今天能应邀到咱们贵校送教，首先对各位领导、老师们对我的信任表示感谢！遵照贵校的要求，我今天我授课的内容是"用数对确定位置"。"用数对确定位置"是在学生学习了用"上、下、左、右"和用"东、西、南、北"等词语描述物体方向的基础上进行教学的，继而为沟通位置与方向的联系，以及第二学段"图形与坐标"的学习打下基础。本节课的教学目标是：

1.使学生在具体的情境中认识行、列的含义，知道确定列和行的规则，初步理解数对的含义，会用数对表示具体情境中物体的位置。

2.使学生体验由语言描述位置到用数对表示位置的过程，掌握用数对确定位置的方法，体会到数形结合的数学思想，发展空间观念。

3.使学生感受到数学与生活的密切联系，体会数学在生活中的广泛应用。

教学重点：在具体情境中会用数对确定物体的位置。

教学难点：在具体情境中理解要用两个数来表示物体在平面上物体的位置。

下面，我简要地介绍一下本节课的教学流程和设计理念。

第一环节：谈话引入，初识数对。课的开始，我与学生亲切交流，让他们试着用数字简单地表示班名（几年几班），通过这一活动，使学生初步感知两个数字如果按照一定顺序组合，就会表达一定的意义，为后面的教学埋下伏笔，同时，也拉进了我与孩子们之间的距离。

第二个环节：亲身体验，发现问题。在这一环节，我创设了让孩子们为我介绍班长在教室中的位置这一情境，给学生在活动中制造一种描述位置的矛盾冲突，促使学生认识到统一定位方法的必要性，进而提出问题。在教学中，我充分利用课堂中现成的教学资源，不但激发了学生的学习兴趣，而且让学生体会到了数学就在我们的生活中，就在我们的身边，离我们一点儿都不遥远。一会儿，大家能看到，我的新课部分除了"探究提示"使用了一张PPT，再没有多用一张，原因就是现实生活才是学习数学的最好资源。我们制作数学课件的目的无非就是把数学知识化动为静，化抽象为具体，激发视听积极性，促进学生学习，可是当教学资源信手可得的时候，当这些教学资源效果胜于人造资源的时候，我们就无须浪费时间、浪费经历去追赶课堂的潮流，去追逐课堂的花哨，这就是我的一个教学理念——追求"原生态"课堂。

第三个环节：自主探究，掌握方法。在此环节中，学生要明确"列"和"行"的意义，以及用数对表示位置的方法。实施这部分教学，我主要采用示范、讲解法，这也是这节课中我要体现的第二个教学理念，那就是——数学课教师必须具有话语权。新课程改革，数学课上，我们许多老师越来越不敢说话，生怕抢占了学生的主体地位，剥夺了孩子们自主学习的权利，但是，我想说的是，我不要忘记自己的主导地位，新课改后的数学课，不是让老师们闭嘴"坐山观虎斗"，而是运筹帷幄，那些需要说明的，我们一定要讲到位，需要强调的，一定要点到位，但语言要简洁明确，要讲究策略和方法。用数对表示位置的方法是我们人为规则，对这一规则无须深入探究，只要教师言简意赅讲清楚即可。如果只为了形式上的完美，我想，那是无端地浪费教学的时间。

第四个环节：再疑再探，学以致用。再探环节，通过实际情境，引导学生从规律中发现数对中数的特点与位置变化的关系，深化数对意义的理解，初步感受平面直角坐标系的思想和方法。再通过两个小游戏，把现实生活抽象成方格图，把学生的思维引入抽象思维之中，培养学生的空间观念，同时，也让学生体会到现实生活与数学的密切联系。

总之，本节课教学，我将充分利用现成的教学资源，创设生动有趣的教学情境，层层深入，力求达到"水到渠成"之畅快。本设计能否达到预期效果，还有待于在实际教学中检验，下面就请各位领导、老师一同走进我今天的数学课堂。

教学过程：

一、谈话引入，初识数对

师：上课，同学们好！

生：老师好。

师：很高兴能和我们安石一小的孩子们一起上这节数学课。孩子们是哪个班的？

生：五年一班的。

师：很好，你们给了我两个信息——五年级和一班。听说咱班同学数学学得特别棒，谁能到黑板上用数字表示一下我们的班名？记住，越简单越好。

生：板书"5.1"。

师：同学叫什么名字？

生：李××

师：小李的数字写得真漂亮！你能给大家解读一下你的这种表示方法吗？

生：前面的"5"表示五年级，后面的"1"表示一班，这个"."是把年级与班级隔开，因为我怕两个数字混淆了。

师：解释得多清楚啊！看来同学们果然名不虚传！好，感谢小李与大家分享，请回。

二、亲身体验，发现问题

师：你们能用一对数字表示班名，让我真正见识了你们的数学才能，刚才，我认识了聪明可爱的小李，我还想认识一下我们的班长，谁来给我介绍一下？等会儿，老师有一个想法，我们能不能换一种方式来介绍班长，介绍一下班长在教室中的位置。（板书：位置）

师：先别急，老师还有一点提示，要听好：以小组为单位，先观察一下班长坐在什么位置，再说一说，然后用最简单的方法表示出来。开始吧，吴老师很期待哟。

（生以小组为单位观察、探讨、表示班长在教室中的位置，教师巡视）

师：同学们都已经完成了，我这收集了几个关于描述班长位置的信息，我们一起来看一下，有请这三个小组代表来给大家解读一下。

生：我们把一竖排看作一组，班长坐在第2组，从前往后数，他是第3个，所以班长的位置是"第2组，第3个"。

生：因为班长坐在张××的前面，所以他的位置是"在张××的正前方"。

师：这个表示很特别，只有数字和隔点，快请这个小组代表给大家讲一讲吧。

生：我们小组借鉴了刚才表示班级的方法。这个"3"代表第3横排，后面的"2"代表第2竖排。

师：能够借鉴别人的经验，你们很会学习！感谢三个小组的分享！孩子们，你们看，你们表示位置的方法各有千秋啊！如果回头我把这些信息带给我班同学，他们能很准确地确定班长的位置吗？此时，你有什么问题？

生：能不能有一种表示位置的方法让所有人都能看明白呢？

师：问得好！这正是我们这节课要研究的问题——确定位置。（板书：确定位置）

三、自主探究，掌握方法

师：刚才由于同学们观察的角度和表示的方法不同，所以确定位置时，产生了分歧。看来，我们必须要有一个统一的约定才行，你们同意吗？

生：同意。

师：确定位置时，需要两个重要元素，那就是——列和行。（板书：列　行）竖排的叫"列"，横排的叫"行"。一般情况下，我们先确定列数，后确定行数。确定列数，要从左往右数。好，听我的口令，看谁反应快。请第1列同学起立；（生做）很好。第3列同学拍两下手，（生做）很好，老师看到你们了。请第2、4列同学同时起立，（生做）反应真快！

师：确定完列数，再确定行数。确定行数，我们要从前往后数。好，请第一行的同学起立，（生做）好的。请2行的同学向听课老师挥挥手；（生做）请第4行的同学跺跺脚，（生做）真棒！现在你清楚自己所在的列数与行数了吗？

生：清楚了。

师：太好了！确定了列数与行数，你们就成功了一半。那么按照先列后行的规则，数一数，我们的班长在第几列，第几行？

生：第2列，第3行。

师：第2列，第3行，数学家卡迪尔是这样表示班长的位置的（2，3）（板书：（2，3）知道这样表示的意思吗？

生："2"表示第2列，"3"表示第3行。

师：对他的回答，还有补充吗？

生：逗号是把列与行隔开，防止混淆。

师：你说得对。又因为这两个数字表示一个位置，所以，外面加上了小括号。可以直接读成"2，3"。像这样有顺序地排在一起的两个数，就叫作"数对"。用数对表示位置，是我们确定位置常用的方法。（板书：数对）所以，这个数对还可以读成：数对2，3。我们齐读——

生：数对2，3。

师：用数对表示位置，我们要牢记一条规则，那就是——

生：先列后行。

师：这种方法你们学会了吗？

师：现在，我知道了班长的位置，你能为我介绍一下你的同桌或好朋友在这间教室里的位置吗？有幸被点到的同学请站起来，让大家看看同学们介绍得对不对。

生：我的同桌王 × 在（4，1）。

生：我的好朋友张 ×× 在（2，4）。

……

师：今天老师真高兴，一下子认识了这么多同学！光关注别人了，我们也来关注一下自己，大家把自己的位置写到名牌上，前后两面都要写，这样看起来方便。写完的同学，同桌互相检查一下。

生：（用数对表示自己所在教室的位置）

师：你们很会合作。请坐好，现在你们都清楚自己所在的位置了吧，高兴吗？你们看，其实学习数学并不难，数学就在我们的生活中，只要你做个生活的有心人，你就能学好数学。

师：你们看，这些水果被老师摆在了不同的位置。（课件出示练习一）

你能用数对表示出下列水果的位置吗？

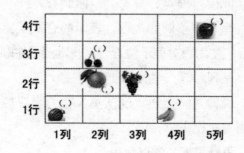

师：观察格子图，伸出你们的小手，一齐数——

生：第1列、第2列、第3列……第1行、第2行、第3行……

师：现在，你能用数对表示它们的位置吗？香蕉的位置是？

生：香蕉在（4，1）

师：跟同学们说说，你是怎样表示出来的？

生：我先数列，香蕉在第4列；再数行，它在第1行，所以，香蕉的位置就是（4，1）。

师：大家同意吗？

生：同意。

师：橘子的位置是——

生：（2，2）

师：诶，怎么两个数字都是"2"？它们表示的意思相同吗？

生：不同。第1个"2"表示第2列，第2个"2"表示第2行。

师：你说得很对。孩子们，你们看，就是相同的两个数字，写在了不同的位置，表示的意义就完全不同。所以，我们在用数对表示位置时，一定要记住顺序是——

生：先列后行。

师：说得对。只要我们认真、努力学习数学知识，就会有甜美的收获。

四、再疑再探，学以致用

师：接下来，我们玩一个"找朋友"的游戏。我指同学，你们用数对描述他的位置，看看谁说得又快又准。

（师指学生，生用数对描述位置）

师：真难不倒你们啊！这回我说数对，你们来找同学，被点的同学要替我保密哟。准备，听好，这个同学在（4，1），他是谁？

生：他是唐××。

师：你们同意吗？请唐××站起来。能告诉大家你是怎样找到小唐的吗？

生：我先找到第4列，再找到第1行，第4列与第1行的交叉的位置就是唐××。

师：我听明白了，先找列，再找行，列与行所在交点的位置就是要找的那个同学，对吗？

生：对。

师：我们继续……

师：这位同学的位置是——

生：（4，2）。

师：对了，想一想，他正前方同学的位置是（ ），正后方是（ ），左边是（ ），右边是（ ）？

生：（4，1）（4，3）（3，2）（5，2）。

师：了不起！现在，请第1行的同学将自己的位置牌举起来，观察这些数对，你们发现了什么？

生：我发现这些数对的第2个数字都是"1"。

师：好眼力！这些数对同属于第1行，但列数不同，所以第一个数字不相同。想一下，如果第1行有足够多的同学,我们一起来读出第1行所有同学的位置,好不好?

生:(1,1)(2,1)(3,1)……

师:孩子们,你们怎么不读了?

生:太多了,读不过来了。

师:那就想办法呀。你能用一个数对的形式来表示这一行任意一个同学的位置吗?

生:(a,1)

师:你为什么要这样表示?

生:因为这些同学都在第一行,所以,数对的第2个数字都是"1",前面的数字不确定,可以用字母"a"表示。

师:大家同意吗?你能换个字母来表示吗?

生:(b,1)

……

师:数学研究上,习惯用"x"表示列,大声告诉老师,第1行同学的位置用数对表示就是——

生:(x,1)

师:[板书(x,1)]

师:下面请第6列的同学举起你们的名牌,大家仔细观察,你发现了什么?

生:我发现这些数对的第一个数字都是"6",因为他们都在第6列。

师:你观察得很仔细。这回你们能用一个数对的形式来表示这一列同学的位置吗?

生：（6，c）……

师：你们表示得都对，但数学习惯上用"y"表示行，那第6列所有同学的位置我们就可以用数对——

生：（6，y）表示。

师：记住了吗？

生：记住了。

师：孩子们，你们喜欢玩"套圈"的游戏吗？（课件出示：练习题二）

生：喜欢！

师：你们看，各种玩具摆放的位置如图所示。谁能用数对准确地表示出下面各个奖品的位置，谁就是赢家！

套圈游戏

	1列	2列	3列	4列
3行	布娃娃	海马	小狗	小猪
2行	坦克	手枪	火车	球
1行	飞机	汽车	轮船	货车

1. 用数对表示下列玩具的位置。
坦克（　，　）小狗（　，　）球（　，　）

2. 小刚套中了（X，2）位置上的玩具，他可能套中了（　）（　）（　）（　），小红套中了（2，Y）位置上的玩具，她可能套中了（　）（　）（　）。

3. 小刚和小红共同套中的是（　　）

生：（做练习二，评价订正）

师：孩子们，你们听说过小兵张嘎的故事吗？嘎子潜伏到敌人的据点埋炸弹，但是由于敌人戒备森严，需要尽快完成任务，嘎子想请同学们帮帮他，你们愿意吗?

生：愿意。

侦查地图:

	敌军司令部		
		粮仓	
弹药库			
			岗楼

1. 用数对表示下列地点的位置。
弹药库（ , ）敌军司令部（ , ）粮仓（ , ）岗楼（ , ）。

2. 在下列位置埋上炸弹 。
(2,3) (1,1) (4,3) (5,2)

师：那好，我们先观察一下地形，这是第 1 列，和老师一齐数下去——

生：第 2 列、第 3 列……第 1 行、第 2 行……

生：（先独立完成，再小组内交流结果，最后全班分享）

五、拓展链接，激发兴趣

师：孩子们，你们看，在这次行动中，数对帮了我们多大的忙啊！两个数组成的数对，简简单单，却作用巨大。棋逢对手，排兵布阵，离不开方格定位；进入影院，有赖于对号入住；不仅如此，地理学家们把数对的作用发挥得淋漓尽致，他们用数对描述位置。你看，连接南北两极的竖线叫作经线，垂直于经线的横线圈叫作纬线，根据经纬线可以准确定位。艺术家们也把数对视为掌上明珠，2008 年，北京奥运会开幕式上震撼人心的击缶和印刷术表演，动用了 2008 名演员，他们组成了美轮美奂的画面，其中数对的作用不容小视。数对这样神奇，是谁把它带到我们身边的呢？他是法国数学家卡迪尔，是他最早引入平面直角坐标系，平面直角坐标系的创立，推进了人类文明的进程，也揭开了数学发展的新篇章。

师：今天的课就到这里，下课，同学们再见！

生：老师再见。

板书设计：

用数对确定位置

（ 列 ， 行 ）

竖排，横排

（ 2 ， 3 ）

（ x ， 1 ）

（ 6 ， y ）

《三角形的意义和特征》教学实录

一、谜语引入，初步感知三角形特点

师：今天老师带来一则谜语，想考考同学们，敢接受挑战吗？

三竿首尾连，

形状像座山，

生活很常见，

学问不简单。

（谜底：打一平面图形）

师：谁猜出来了？

生：是三角形。

师：真聪明！

师：关于三角形你想学习哪些知识？

生：什么是三角形？

师：也就是说，三角形的意义是什么？（板书：三角形的意义）这个问题很有价值，你是个善于思考的孩子。

生：三角形有什么特点？

师：三角形的特征这个问题也值得我们探讨。（板书：特征）

生：学习三角形的知识在生活中有什么用？

师：把学和用结合起来，你是个会学习的孩子！

师：这节课我们就来共同探讨"三角形的意义和特征"。

师：在生活中，你见过三角形吗？在哪里见过？

生：自行车上有三角形。

……

师：同学们都是生活中的有心人。看来我们的生活中处处都有三角形。

师：老师也收集了一些关于三角形的资料，我们一起来看一看。我们一边找一边跟着画。

（课件演示各种带有三角形物体的图片）

二、制造认知冲突，理解三角形意义

师：看，三角形无处不在！那你认为什么样的图形叫作三角形？

生：由三条线段组成的图形叫作三角形。

生：由三个角组成的图形叫作三角形。

生：由三条边三个角组成的图形叫作三角形。

师：大家有自己的想法，这很好，老师根据同学们下的定义，画出了几个图形，孩子们，你们看看是三角形吗？

师：出示课件。

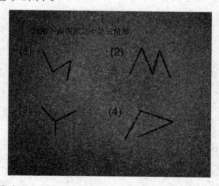

师：看来，同学们下的定义还不够严谨。究竟什么是三角形？数学家是这样定义的，请看屏幕。（由三条线段围成的图形叫作三角形）

师：齐读。你认为定义中哪个词很重要？

生：围成。

师："围成"是什么意思？

师：哦，我听明白了，原来"围成"是每相邻两条线段的端点相连。

师：请同学们用笔围成一个三角形。

师：看着你的三角形，告诉老师，什么叫作三角形？

生：由三条线段围成的图形叫作三角形。

师：同学们会围三角形了，了不起！想不想自己画一个三角形？请在"学习单"上画一个三角形，谁愿意到黑板上画？

师：他们画的对吗？

生：对。

师：观察这些三角形，你们发现了什么？

生：我发现三角形有三条边，三个顶点，三个角。

师：这真是一个伟大的发现！谁愿意标出这个三角形各部分的名称？

生：（标出三角形各部分的名称）

师：他们标对了吗？

生：对。

师：看来同学们都会了。请同学们看这个三角形，为了表示方便，我用大写字母 A、B、C 分别表示三角形的三个顶点，这个三角形就叫作三角形 ABC。你们听明白了吗？

师：请同学们也给自己的三角形起一个名字。

师：你的三角形叫什么？

生：我的三角形叫作"BCD"

师：应该说，叫作"三角形 BCD"。记住了吗？

生：记住了。

师：大家都会给三角形起名字了，真好！看三角形 ABC，如果我说，顶点 A 的对边是 BC 的话，那么，顶点 B 的对边是谁？顶点 C 的对边又是谁？

三、探究三角形高的意义及画法

师：你们同意吗？看来什么都难不住你们。刚才我们说过，三角形在我们的生活中随处可见。大家看，这是长颈鹿馆的一座三角形大门，这只身高 5 米的长颈鹿能不能顺利通过这座大门关键取决于什么？

生：三角形大门的高度。

师：怎样测量这座三角形大门的高度？这个问题相信同学们在学完三角形的高之后，会有满意的答案。

师：什么是三角形的高？怎样给三角形画高？这些问题老师希望同学们自己解决，你们行吗？为了帮助大家学习，老师给同学们两点提示：

1. 独立学习教材 60 页的中间部分，找出三角形高和底的定义，用线画出来，说一说什么是三角形的底和高。

2. 给三角形画高。（能画几条就画几条）

3. 小组内交流画高的方法。

师：同学们都清楚了吗？

师：刚才老师发现，同学们能主动学习，并且积极参加小组讨论和交流，你们都是善于学习的孩子。下面谁来说一说，什么是三角形的底和高？

生：从三角形的一个定点……. 这条对边叫作三角形的底。

（课件演示）

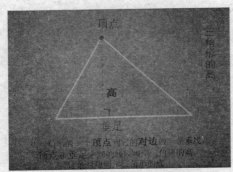

师：同学们看第一句话，这既是三角形高的意义，又是高的画法。想一想，定义中的哪几个词比较关键？

生：顶点、对边。

师：说得对。"顶点"是画高的起点，"对边"是画高的方向和终点。还有吗？

生：垂线。

师：对，三角形的高是一条垂直线段。

师：有一个叫马小虎的同学，给三角形画了这样几条高，同学们看他画得对不对？

师：第一个，画得对吗？

生：它没有从三角形的顶点开始画。

师：是呀，要记住，给三角形画高要从它的顶点画起。

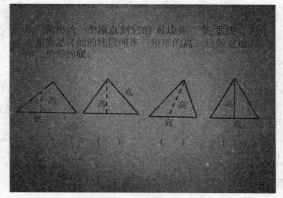

师：这个对吗？

生：不对，这个没有在给定的底边上做高。

师：你的眼睛真锐利。高和底是相互对应的。这个对吗？

生：不对，三角形的高不是斜线。

师：要记住，三角形的高是——垂直线段。

师：再看，这个对吗？

生：不对，三角形的高是用虚线来画，而且没有垂直符号。

师：三角形的高并不是三角形的组成部分，它是在我们研究三角形的时候做的一条辅助的线，所以必须用虚线画高，大家记住了吗？

师：经过大家的提醒和帮助，马小虎同学终于会画高了，大家一起看。

（课件出示：从三角形的一个……这条对边叫作三角形的底。）

师：同学们会画了吗？哪位小老师愿意到黑板上给大家演示演示？

生：（边演示边讲画法）

师：小老师讲的大家明白了吗？谁给他评一评？

师：你的讲解和画法都很准确，向你学习。同学们对画高还有什么问题？好，请同学们仔细检查自己三角形的高，把不对的改正过来。

四、再疑再探三角形高的数量

师：看来大家都会画高了，你认为一个三角形能画出几条高？为什么？

生：3条。因为它有三个顶点和三条边。

师：耳听为虚，眼见为实。你能不能到前边来画一画？

师：谁给他评一评？

师：因为黑板不可以转动，所以画高比较困难，但是，这位同学画得这样准确，我们应该为他点赞！一个三角形能画三条高，这是真的吗？谁有不同意见？

生：老师，我的三角形为什么不能画出三条高？

师：还有谁也遇到了困难？

师：你们把自己的三角形和组里其他同学的三角形比一比，看看有什么不同？

生：我的三角形里有一个角是直角。

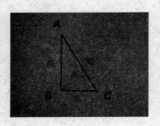

生：我的三角形里有一个角是钝角。

师：你们说得对，这两种三角形的高比较特殊。看，这种三角形里有一个角是直角，它叫作直角三角形，这是过顶点 B 向 AC 边做的高。这是过顶点 A 向 BC 边做的高，这条高正好与直角边 AB 重合。这是过顶点 C 向 AB 边做的高，正好与直角边 BC 重合。我们就说：这两条直角边互为底和高。如果 AB 是高，谁是它的底？

师：那同学们说，直角三角形有几条高？

生：三条高。

师：同学们再看，这个三角形有一个角是钝角，这是钝角三角形，这是它内部的一条高，另外两条高在三角形的外面，叫作形外高，至于它的画法，

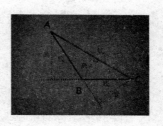

中学的时候再学习，感兴趣的同学们课后可以研究研究。

师：综合上面探究的结果，那现在我说，在三角形里能画出三条高，你们还同意吗？

师：老师就喜欢你们这种爱钻研的学习劲头！

师：现在，让我们再回到长颈鹿馆，怎样测量这座大门的高度？

生：过 A 点向对边做一条高，再测量这条高的长度，就是大门的高度。

师：经过同学们的指点，我测量这座大门的高度是 6 米，看来这只长颈鹿能顺利通过这座大门。同学们看，

学习三角形的高有用吗？

师：好，请同学们根据这节课所学习的内容给大家出一道题。

师：老师这儿也有几道题，敢挑战吗？

师：谁来读题？

师：同意吗？

师：这是一道选择题。请为下列三角形选出正确的高。

师：同学们，一定要记住：三角形的高是一条垂直线段；三角形的底和高要相互对应；直角三角形的两条直角边互为底和高。

五、全课总结

师：对于这节课的知识谁还有不明白的地方？通过这节课的学习你有哪些收获？

生：我知道了三角形的定义：由三条线段围成的图形叫作三角形。

生：我学会了画三角形的高。

师：孩子们，你们的收获都很大。小三角，大世界，只要我们敢于质疑，善于思考，勤于动手，懂得合作，你就是未来的数学之星。今天的课就到这里，下课，孩子们再见！

生：老师再见！

"周长"教学设计及评析

设计思路：

本节课教学，可以概括为"一疑""三探""一用"。"一疑"即指课的开始，教师引导学生大胆质疑，然后教师补疑，师生共同梳疑，找出本节课重点探究的问题，即：什么是周长？什么是封闭图形？什么是一周？在质疑中实现问题共享。"三探"即探究什么是封闭图形，探究什么是封闭图形的一周，探究周长的测量方法，在探究中实现智慧共享。"一用"即学以致用，学生利用本节课所学的知识进行实地的测量活动，实现成果共享。总之在本节课教学中，充分尊重学生的主体地位，充分发挥学生学习的主动性和教师的主导作用，并将信息技术与数学教学有机整合，优化课堂教学，让学生学习数学的自主性、能动性、合作性得到充分发展。

学情分析：

三年级的学生已经在日常生活和数学学习中了解了一些有关平面图形的基本特征，孩子们通过美术课也理解了"边线""轮廓"等词语的含义，但是，由于三年级学生还处于具体形象思维向抽象逻辑思维过渡的阶段，学习本课内容仍具有一定的难度，因此，我在教学中选取贴近学生生活的素材作为本课教学资源，通过小组探究、合作学习，充分发挥他们学习的主动性，让学生通过看一看、说一说、描一描、摸一摸等活动获得丰富的感性认识，并在体验交流中升华为理性认识，同时，培养学生的观察能力、思考能力、概括能力、探究能力、创新能力和合作意识。

"认识周长"教学设计

教学目标：

1. 使学生理解周长的意义，建立初步的空间观念，能初步测量或计算简单图形的周长。

2. 培养和提高学生的观察能力、动手能力，以及发现问题、解决问题的能力，培养合作意识。

3. 了解周长的作用，体会数学与生活的密切联系。

教学重难点：

使学生理解周长的意义，建立初步的空间观念，能初步测量或计算图形的周长。

教具：

多媒体课件、树叶、细线。

学具：

水彩笔、支尺、直尺。

教学过程：

一、以疑促思，导入新课

导言：最近，老师拍了一张照片，你们要不要看一看？（课件出示照片）为了让这张照片看上去更美观一些，老师准备在照片的四周镶上花边，这得需要多少材料呢？这个问题需要用周长的知识来解答，这节课我们就来认识周长。（板书课题）

1. 看课题，你有什么问题吗？

预设问题：什么是周长？

怎样测量、计算周长？

周长在生活中有什么作用？

课件出示周长定义。（封闭图形一周的长度叫作周长）

2. 读一读周长的定义，哪个地方不明白，大胆地提出来。

预设问题：什么是"封闭图形"？什么是"一周"？

点播学法：抓住定义中的关键词语进行理解，是学习概念的好方法。

如果把上面这两个问题解决了，相信你对周长会有更深刻的认识。

（设计理念：通过学生设疑，教师补疑、梳疑，重点培养学生的发散思维，使学生互相启发，点燃思维的"火花"，实现疑问共享）

二、探究交流，形成概念

（一）认识封闭图形

1. 看老师的手势，这是封闭的吗？为什么？

2. 学生用手势做一个封闭图形，可以独立完成，也可以合作完成。

3. 课件演示两个图形（一个是不封闭的，一个是封闭的），说说哪个是封闭图形？为什么？

师生共同总结：图形的四周没有缺口的，边线完整的，封得严严实实的图形就是封闭图形。

4. 小练习，判断哪些图形是封闭图形并说明原因。（课件出示）

（二）理解"一周"

1. 出示探究提示：

（1）用手指沿着（学习单上的）封闭图形的边线画一圈。

（2）再用笔沿着封闭图形的边线描一圈。

想一想，什么是封闭图形的"一周"。

（3）完成自学后，小组内交流，并准备班上汇报。

2. 学生自主探究，小组合作交流，教师巡视指导。

3. 全班汇报、交流：

（1）数学门诊：马小虎描的边线对不对？为什么？应该怎样描？（生汇报、补充、评价）

（2）结合课件演示，说说什么是封闭图形的一周。

（3）师生共同总结。

4. 动手操作：找一找，摸一摸身边的封闭图形的一周。

5. 再读周长定义。

6. 举例说说什么是周长。（相机介绍腰围，以及测

量工具，体会周长的作用）

（设计理念：学生通过自主、合作、探究，实现多人智慧共享。学生对自探、合探成果进行展示，使学生深入理解所学内容，并实现成果共享、智慧融合）

三、再疑再探，深化理解

1. 探究测量周长的方法。

（1）边线是直的封闭图形周长的测量方法。（三角形，多边形）

（2）小组合作探究叶子周长的测量方法。

（3）学生汇报展示。（师生相机补充、评价）

（4）教师课件演示叶子周长的测量方法，渗透"转化"的思想。

2. 动手操作，量一量喜欢的图形或物体的周长。

（设计理念：学生评价学生，教师点评评价的学生，有利于培养学生的求异思维，实现学以致用）

四、全课总结，体验成就

这节课你有哪些收获？

（设计理念：总结不仅关注了本节课的知识重点，更关注了学生的情感体验，有效激励了学生学好数学的信心，并使学生在活动体验中获得成就感）

作业："周长在我们身边"

到校园里，到家里，测一测、量一量你喜欢的图形或物体的周长，并填好报告单。

（设计理念：学以致用，体会数学与生活的密切联系）

随笔札记

谷穗弯弯

秋天是个收获的季节。

清晨，一抹淡淡的雾从连泉山间悄悄升起，那乳白的雾纱一直飘到校园里。

突然，班级的门开了，一只马尾辫儿一跳一跳地走进来，和马尾辫儿一起跳舞的还有她手中的几颗谷穗。孩子们的眼睛里闪烁着好奇的光芒，原本安静的自习课渐渐变得热闹起来。"这是什么？"孩子们开始大胆猜起来。有的说是稻穗，可是有人不同意，因为大米的颗粒比它的籽粒大得多，有人说是芝麻，可是有人却说芝麻不是圆的。还是坐在第一排的小马厉害，他说，可能是小米，因为只有小米的大小和它籽粒的大小差不多。马尾辫儿终于按耐不住，道出了答案，孩子们恍然大悟——原来这就是传说中的谷穗！我在一旁暗喜，若不是自己在农村长大，今天真的要处于尴尬之地了。

往日的课间十分钟，孩子们像潮水一样向外涌，可是今天却不同，孩子们总是想方设法靠近摆放在讲桌上的那两颗谷穗，有的禁不住偷偷去摸，然后，悄悄地耳语。孩子们眼中的世界总是充满神秘的色彩。

吃过午饭，一群孩子将我包围，他们告诉我，他们从来没见过谷穗，他们多么想仔细看看，多么想用手摸摸。是呀，孩子们整天过着"十指不沾泥"的生活，"五谷不分"对于他们已经不是什么奇怪的事情了。可是，我知道，孩子们是热爱生活的。我教给孩子们观察谷穗的方法，从形态到颜色，从整体到部分，他们听得很认真。谷穗虽然只有几颗，但是，还是轮流分发给各个小组进行观察。小小的谷穗，成了孩子们眼中的宝贝。

孩子是认识事物的精灵。第一次见到谷穗，他们是那么兴奋。有的说，谷穗就像毛茸茸的狗尾巴。有的说，谷穗的毛毛就像爸爸的胡子一样扎人。还有的说，他想起了一年级学过的一首诗："谷穗弯弯，它对小鸟说：'我是秋天'。"多么富有诗意！谷粒很小，我从没想过怎样去描述它的小。可是，孩子们做到了。有的说，谷粒就像鱼子一样小。有的说，谷粒和圆珠笔笔尖的小珠子一般大小。还有的说，谷粒很小，一只小蚂蚁就可以把它轻松搬走。我被孩子们别具匠心的创新能力深深折服。

接下来，我和孩子们又进一步观察了谷粒，当他们用小手剥开一层层谷壳时，尖叫起来，他们第一次发现小米是这样来的。见孩子们兴趣盎然，我趁热打铁："孩子们，你们知道小米的秘密吗？"教室里立刻安静下来，正在这时，下午第一节课的铃声拉响了，他们像被解围一样，加快脚步，奔向微机室。（因为那节课恰好是信息课）

下课铃声刚刚响起，孩子们就飞回我的面前，一份份关于小米的资料呈现在我眼前，"老师，我知道……"孩子们叽叽喳喳，小米的秘密说了一大堆。那一张张可爱的笑脸像秋日里的阳光那样灿烂。

体验让孩子们认识世界，热爱生活，世界上，还有哪种教育方式能比得上它的魅力呢？

赶燕子的启示

今天值班，我来得特别早，跟我一起来的还有儿子。校园里十分安静，这反倒让我感到有些不适应，学生放假已经两周了，不知道孩子们在做什么呢？因为下了一整夜的雨，校园里的空气特别清新，几只小燕子在空中盘旋，叽叽喳喳的，给寂静的校园增添了几分生机与活力。

最想回的还是自己的班级，安静的教室，整齐的桌椅，静静的书架，沉默的黑板，我正陷入寂寞之中。忽然，儿子神秘地说："妈，你听，隔壁有声音！"我侧耳细听，果然有扑愣愣的声音，我和儿子一道跑了出去，透过隔壁邻班的窗子看去，一只燕子正惊恐地在教室里飞来飞去。还好，教室的门没有锁，我和儿子走进去。"妈妈，咱们赶快把小燕子放出去吧，你看它多着急。"儿子好像比燕子更着急。"好主意，一定是昨天晚上风雨太大，它找错了家，让我们赶快解救它吧。"这只燕子的运气真好。于是，我和儿子迅速打开了所有关闭的窗子（有一扇已经开着，估计燕子就是从那扇窗子误飞进来的），可是小燕子好像没看到似的，在屋子里乱飞，儿子急了，"妈妈，赶快把小燕子救出去吧，如果晚了，可能就饿死、渴死了。"说着，儿子张开双臂使劲挥动，嘴里不住喊着："往那儿飞，那里，看不见吗？"儿子想把燕子往窗边赶，可是燕子在教室上空不停地乱飞，头撞在窗子的玻璃上咚咚作响，可是就是找不到出口。尽管儿子在地上不住地挥臂、喊叫，可就是无济于事。我见状，举起一个扫把想把燕子往窗边赶，儿子见我拿起扫把，索性也操起了一个，教室上空的小燕子惊慌失措，横冲直撞，扫把的挥舞声，我们的呼喊声，小燕子不停的撞头声，打破了教室的宁静。一会儿工夫下来，我和儿子气喘吁吁，那只小燕子蹲在教室上空的暖气管子上瑟瑟发抖，我们都累了。

儿子还是着急，不甘心，要继续赶。我喘着粗气对儿子说："先别急着赶它，估计它是被我们吓到了，我们太着急了，给它点时间，让它静一静，兴许就找到出口了呢。""能行吗？妈妈，可是它一定很着急。"儿子根本不相信我，其实我也没把握，只是给自己喘息找个借口，"可是，我们这么做，会让它更着急、更累的。我们先出去吧，让它静一静，也许很快就找到出口了。"我一边说一边往外走，儿子半信半疑，可还是随我走出了教室。

虽然我心中没有什么把握，但比儿子稍显平静。我拿起两本书，递给儿子一本，他显然心不在焉，我也不如往日看得投入。"妈妈，我去上厕所……"儿子显然是在骗我，"去吧，小心惊到它"，我还是同意了。儿子走出去了，但走廊里并没有脚步声，我知道他去干什么。

　　"妈妈，妈妈，小燕子飞走了！"儿子在隔壁的教室里大声喊。我来不及扔下手中的书，两步跑到邻班的教室里，果然不见小燕子。"妈妈，小燕子飞走了，你的办法真灵！可惜没看到它飞走的情景。"儿子有些小失落。我和儿子望着窗外，天空碧蓝碧蓝的，柳树翠绿翠绿的，一群群燕子在空中飞舞歌唱，虽然我和儿子分不清哪只是刚飞出去的小燕子，但是，我们都知道，它现在和小伙伴们一样快乐、自由。

　　回到班级，我坐在椅子上，想象着小燕子飞出教室后的快乐，不禁沉醉。看着教室里的四十五张课桌，我仿佛看到了四十五张笑脸，四十五张笑脸亦如四十五只可爱的小燕子。我忽地想起，在我的教学中，不也会经常遇到误入歧途的小燕子吗？他们也会像今天的那只小燕子一样——着急找出路，但是，我们做老师的，好像比他们更着急，于是，我们想尽一切办法，帮他，赶他，可是，往往这样，我们却发现他们越来越着急，越来越胆怯，越来越不知所措，以至于摆在眼前有多条出路，他却找不到一条。结果，我们一路追赶，他们一路疾飞，孩子和我们身心俱疲。今天，我才发现，停下来，给他一点时间，等一等，他很可能自己就顿悟了——自己找到出路。教育是慢功夫，急功近利并非就能很快找到出路，也许还会碰得头破血流。《麦田的守望者》为世界贡献了一个词语："守望"。教育不是管，也不是不管，在管与不管之间，有一个词叫"守望"。

我愿意做一个静静的守望者，守望迷途的小燕子飞出窗子。

2017 年 7 月 21 日

苹果红红

吃过午饭，学校里忽然闹起了水荒。从水房到教室，到操场，校园的每一个角落里，都找不到一滴水。秋天的太阳到了中午，显得格外毒，好像要把它的全部热量都释放出来似的。孩子们躲在教室里，

可是，干渴仍旧一阵阵袭来，从嘴巴一直延伸到喉咙，

到全身。

　　忽然，一阵果香从走廊一直飘到我们的班级，孩子们的眼睛立刻亮起来了，一个身材魁梧的叔叔拎着两袋子苹果汗涔涔地出现在孩子们面前。是鲍叔叔，他又给我们送水果来了！真是及时雨啊！班级里一片欢呼声。透过塑料袋，一个个红红的大苹果散发着诱人的香气。鲍叔叔放下苹果，没说几句话，便消失在孩子们的目光中。

　　苹果是鲍叔叔洗好拿来的。一会工夫，孩子们的手里都有了两个又大又红的苹果，教室里弥漫着浓郁的苹果的香气。孩子们像被从魔法里解救出来的精灵开始活跃起来。咔嚓，咔嚓，咬苹果的声音原来竟如此悦耳，教室里的空气变得清新甜润起来。正在我陶醉之时，一个红红的大苹果随着一只马尾辫儿跳到我嘴边。"老师，苹果又香又甜，可好吃啦，这个给您！"是璇，两颗黑色的眸子像两汪清澈的泉水，圆圆的脸蛋映着苹果的红。"老师，给您！"孩子们都围上来。我轻轻咬了一口手中的苹果，一股清甜顿时沁入心脾。孩子们微笑着望着我，那红红的脸蛋正像这秋日里的苹果一般可爱。

　　这个秋日，苹果红红，心儿甜甜。

教书与育人

课堂上纵有千般设计，也难以预料学生的万般变化。

还记得很多年前的一节语文课，那节课讲的是《狐狸和乌鸦》。课堂上，形式多样的字词训练，精彩纷呈的感情朗读，妙趣横生的分角色表演，一切都进行得那么顺利……

课马上就要结束了，我给孩子们提了最后一个问题，想作为本节课的点睛之笔：你想对狐狸和乌鸦说点什么？有的说，乌鸦太没头脑，太容易上当了；有的说，乌鸦太骄傲了，结果害了自己；还有的说，狐狸太坏了，骗别人的肉吃……同学们畅所欲言，我正为自己的巧妙设计沾沾自喜时，学生林站起来："狐狸遇事爱动脑筋，没费力气，就骗到了乌鸦的肉。它真聪明，我要向它学习。"孩子们好像受到了林的启发，纷纷点赞，有的说："对，狐狸还被称为'智多星'呢，我也喜欢它。"我不知道我是要赞叹他们的知识丰富，思维灵活，还是要批评他们的幼稚无知，认贼做友。我顿了片刻，对孩子们说："不错，在动物界里，论智慧，狐狸的确是一种高智商的动物。如果把聪明的头脑用在了害人上，那你们还能说它聪明吗？你们还愿意向它学习吗？"——不能！孩子们齐声而响亮地回答。孩子们懂了，我微笑着向他们点点头。

教书不仅要教给孩子们知识，更要教会孩子们做人。

学会赞美

《自己的花是让别人看的》是季羡林先生阔别德国35年后再次踏上德国土地时，看到德国人把自家的花放在窗外供他人观赏，有感而发所写的文章，赞扬了德国人民"我为人人，人人为我"的美好境界。

课堂上，我和孩子们随着季老先生隽永的文字徜徉于德国美丽的街道之上，感受着异国风情和扑面而来的人文气息。

看着孩子们如此陶醉，我问孩子们："孩子们，此情此景，你有什么感想？"一个孩子站起来感慨地说：德国人养花，把花摆在窗子外面，供别人观看，不像我们中国人养花，都是为了给自己看。"一些孩子也纷纷点头表示赞同。

我顿了一下，微笑着说："你们能联系自己的生活体验进行阅读，老师为你们点赞！"孩子们坐得更加挺拔了。

"赞美别人，固然是一种美德，但是，以贬低自己甚至自己的祖国为代价去赞美别人，你们还愿意吗？"

我接着说。

"不——愿——意——"孩子们的声音低得只有他们自己才能听到。刚才追逐我的目光，此刻全都散开了。他们有的低着头，有的望着窗外，所有人都沉默不语。

"说起境界来，我们中国人并不比别人差，对吗？"我故意提高了声音。

"对！"孩子们像被赦免一样，先是一两声，继而就是争先恐后，"团结是我们中国人的精神！""友善是我们中国人的境界！""诚实是我们中国人的品质！"……教室里不再沉默。孩子们脸上洋溢着异样的神采，眼里闪烁着异样的光芒。

我忽然想起《传习录》中的一句话："种树者必培其根，种德者必培其心。"那一节课，孩子们学会了赞美。

新生与新课

新学期开始，我们班又添人进口。浩就是其中的一个，初来乍到的他除了具有新生都有的陌生感以外，脸上还多了几分无奈。

第一节数学课"秒的认识"，这是新学期的开门课，承载了我太多的心思，我使出浑身解数，力求将这节课达到一个完美的极致，给孩子们留下深刻的印象，并创造一个美好的新开端。孩子们争先恐后，跃跃欲试，有两个新生也渐渐举起了小手，一切都在我的计划中顺利进行着……也许是出于面子的原因吧，也许是慰藉我的良苦用心吧，慢慢地，浩也举起了小手，但显得很无力。我叫到了他，他终于站起来了，动作中有些勉强。那是一个不太难的问题，可他答错了，头埋得很低很低，像在等待发落。我开始后悔我的冒险，我不该叫他的，因为我不了解他的情况，弄不好因为这一次，会让他在今后的数学课上永远抬不起头……我顿了片刻，微笑着说："我喜欢一次就能成功的孩子，但我更欣赏能在失败中重新站起来的孩子，你一定是我最欣赏的那个孩子！没关系，咱们再来一次。"孩子的眉头舒展了许多，他的思路渐渐清晰起来……当浩说出正确答案时，教室里响起了一片热烈的掌声。我放心地看了看他，又摸了摸自己的额角，已是汗涔涔了。

一起成长

初春的气息在温暖的阳光里开始慢慢酝酿。这两天班级门前的走廊里人流如春潮般涌动，那是前来参观体验活动成果展览的孩子们和家长们。

开展体验活动将近一年的时间了，孩子们积累了大量珍贵的材料，展示的时候到了。这几天我把孩子们的所有作品分门别类，统统布置在班级的走廊里。没等布置完，班里的孩子们早已耐不住性子了，一下课，他们便挤到我的前面去，想一睹为快，似乎忘记了我的存在，我也常常忘记手中的活计，和他们一起欣赏、谈论，竟误了我布置的进程，可是我不在乎，看到孩子们的兴致如春水般荡漾，我如沐春风，我喜欢和他们一起分享成功的快乐。

体验活动成果展以别开生面的姿态呈现在孩子们面前。一份份作品记录了孩子们体验成长的历程。从最初的宽泛地收集素材，到有主题地收集，从家长包办，到孩子们自己动手，从校园体验活动到校外体验活动，从谈写色变到文采飞扬，孩子们在体验活动中历练，在体验中成长，更有幸的是我亲眼看见了孩子们的蜕变过程。

这几天中午，班级的走廊里总是吸引着来自其他班级的参观者，有的驻足观赏，有的细细品读，有的相互交流。自家的孩子们便自发做起了解说员，从《花生王成长记》的创编历程，到《我的暑假我做主》的体验材料收集，再到《欢欢喜喜过大年》的体验感悟，字字句

句如春风拂面，我的自豪
感瞬间爆棚！

这两天放学后，走廊
里仍不减白天的热闹，家
长们络绎不绝前来参观，
一本体验相册，一串童年
的脚印，一段美好的回忆。老朋友再次聚首，其乐融融。
除高兴外，更多的是关于体验活动开展与材料积累方面
的切磋，他们说，不但孩子们喜欢这种学习方式，他们
也开始喜欢这种学习方式，因为，这种方式也让他们感
到了轻松和快乐，孩子们的童年不再是简单意义上的快
乐，还增添了一抹绚丽的色彩——那就是身心与知识的
共成长。

晚上，当我翻看微信时才发现，这两天的展览活动
已经刷爆朋友圈，在与一位家长的谈话中我这样说道：
"相比成功，我选择成长，但更愿意选择和孩子们一起
成长！"

2017 年 3 月 23 日

美好的开端

——记第二批长白名师开班学习

　　杨柳依依弄轻风，荷香袅袅溢春城。在这美丽的仲夏时节，我怀着美好的名师梦，来到了可爱的春城，参加"吉林省第二批长白山教学名师"开班暨培训学习。

　　开班仪式是隆重的，当我们看到潘厅长、苏处长和学院的领导在百忙之中赶来时，教室里不约而同地响起了热烈的掌声。潘厅长高瞻远瞩，为我们详细解读了"长白山教学名师"工程的意义，并对我们提出了殷切期望。苏处长以满腔的热忱、真情的期待，从专业角度阐述了教师文化的内涵以及如何打造教师文化，为我们的发展指明了方向。听了领导们深情的嘱托，一种自豪感、责任感、使命感在我心底油然而生。

　　坐在这里，我很荣幸，能与其他 51 位省内教学精英结成一个学习共同体，一个发展团队。几天来，我们共同研讨，相互学习，共同进步，颇有些相见恨晚的感觉。让我感动的是，省教育学院为我们派出了一支业务精湛、思想前卫、勇于担当、敢于创新的强大的培训团队。我们欣喜地发现，为了把我们打造成名师，这支优秀的培训团队想学员之所想，急学员之所需，为我们精心策划，量身订制了一套科学的培养方案。这几天，专家们丰富的知识内涵以及精湛的理论阐述，使我受益匪浅。刘华主任的讲座让我们深深懂得教学生命在于创新。程明喜主任的讲座十分接地气，留给了我们很多思考，这让我想起了哈佛大学教授的一句话，他说："学习的本质不在于你记住多少知识，而在于它引发了你的思考。"柳海民老师用精湛的理论、生动的案例，从教育追求的实践表征、实现卓越的坚实基础、优质教学的理想境界三个方面风趣幽默地为我们阐述了作为名师如何追求卓越。王凌皓老师为大家精心准备了一场饕餮盛宴，旁征博引，深入浅出，娓娓道来，给我们留下了深刻的印象。娇娇老师从目标定位、培养阶段、培训内容、培训特色等方面为大家详细解读了长白名师"五段式"培养方案。姜宇老师的讲座以《相逢是一首歌》开场，一下子拉近了她与我们学员之间，以及学员与学员之间的距离。她的课有理论，有互动，也有交流，既轻松，又愉快，更让我们懂得没有完美的个人，只有完美的团队。昊海英老师耐心细致地为我们讲解了如何正确撰写实验研究方案，为我们开启了教学研究的大门。

　　四天的学习时间是短暂的，但意义是深远长效的；四天的培训内容是纷繁的，但每次的角度都是独特的；四天的学习是紧张的，但收获的感觉是幸福的。回忆每一次讲座或深刻，或睿智，或沉稳，或思辨。无不滋润着我的心田，震撼着我的心灵。我想说，教育昌盛系于教师。

作为未来的名师，我时刻告诫自己：不以文章小而不规范，不以孩童小而不教之，不以世事纷而弃修，不以家事烦而怠育人。名师路上，不忘初心，且行且努力。

2016 年 7 月 22 日

名师路上

——难忘的课题论证会

早晨，天刚亮，我便走出家门。今天又是一个特别的日子——长白山教学名师课题论证会今天将在省教育学院召开。总说"风景在路上"，可如今，车窗外飞快闪过的花花草草和窗玻璃上斑斑点点的秋雨，丝毫引不起我半点兴致，我的心中充满了忐忑，因为参加这样规格之高的开题会，还是第一次。

来到教育学院，再一次见到昔日的学习伙伴和谦逊和蔼的班主任老师，备感亲切。但是，隐约还能看得出学友们藏在脸上的丝丝紧张。大家都是有备而来，仅PPT 就制作得极精致，极考究，令我眼花缭乱、望尘莫及。

课题论证终于开始了，虽只有两位评审专家，但所评之处，入木三分，极具指导性与前瞻性，我不由心生敬佩。前面几位学友的课题，在我看来已经准备得极充分，选题也极有意义，可是被两位专家评得"鲜血淋漓"。看着自己手中那几张单薄的纸张，感到阵阵心虚，心跳开始加速。一方面，真心希望能得到专家一对一的精心指点，一方面又担心自己辛辛苦苦选出来的课题被他们"无情"地"out"了。在矛盾胶着中，我走上了讲台，由于时间短，连自己都不知道说没说清楚，就被人家叫停，很是没面子。和之前预料的一样，从题目到内容，被专家来了一个大解剖。我既赞同专家的观点，又心疼自己的课题，那是我四十多天的心血啊！还好，陈教授还是十分喜欢我的选题的，这源于他女儿成长的经历，终于有共鸣之处了！我仿佛抓到了救命稻草。但还是没有太多的兴奋，因为课题需要"大换血"。

　　短暂的午休之后，论证会继续进行。专家的直言不讳和研究者的虔诚求教依旧是会场的主流。两位专家面对着语文、数学、英语、思品、体育等诸多学科课题研究的轮番"轰炸"，表现得极睿智，极博学，极高端，真心想把所有的指头都变成拇指，为他们点赞。学友们虽未大彻大悟，可也都拨云见日。

　　论证会终于结束了，我匆匆买了票踏上了归途。一身疲惫的（重感冒之中）我本想在车上做暂时的休息，以缓解多日来的压力，可是却怎么也睡不着，过往的一幕幕在眼前变得清晰起来：从"长白山教学名师"的地区遴选，到省级选拔，一路走得跌跌撞撞。七月份，当我开始撰写课题研究时，我真的有些胆怯了，我突然发现自己理论上既没基础又没高度，实践上既没经验又没创新，我曾经一度怀疑自己，这条名师之路是不是可以继续走下去。一个多月的时间，仅仅选题就已经让我伤透了脑筋，从学生"快乐作文的研究"到"小学生快乐作文途径的研究"，再到"开展体验活动提高小学生习作水平的研究"……最后到今天的"基于提高小学生习作水平的体验活动的研究"，仅课题名称的修改达二十余次，其间的各部分内容的撰写难度与艰辛只有自己才知道。看着别人尽享假日的悠闲与快乐，一时间，我怀疑自己走错了路。可是轻言放弃不是我的性格，忽然想到最近微信中流行的几句话："没有做不成的事，只有做不成事的人"；"不是看到了希望才坚持，而是坚持了才看到希望"。教育不仅是我的职业，更是我的事业。我选择了坚持，因为，名师路上，我并不是一个独行者，还有那么多的学友和师友与我携手同行，正如今天这样。

　　秋雨又下起来了，打在车窗上啪啪作响，我忽然想明白了：有谁在前行的路上不会遇到风雨呢？

2016 年 9 月 12 日

看南方教育人的教育精神

——赴华东师大学习有感

上海的冬天，用一个词是难以形容的，她有春的绚丽，夏的青葱，秋的浓烈，冬的朴素。在华东师大学习的七天里，我的身心被感染着，陶冶着，亦如上海的冬天一样丰富，有共鸣、有反思、有感动、有震撼。几天来，南方教育人的教育精神如温暖的南国的风扑面而来。

一、实事求是的教育态度

12 月 20 日，我们有幸参观了上海洋泾中学。这是一所历史悠久、名人云集的学校。朴素的校园博物馆闪耀着洋泾中学今昔的光彩，质朴的校园渗透着厚重的文化气息。最让我难忘的是洋泾中学的校训，没有想象中的高大上，只有两个字——"负责"。"负责"二字看起来简单，可是，细细品味，内涵却极其丰富。对学生而言，小到对自己负责，大到对国家、对社会负责；对教师而言，近到对学生负责，对工作负责，远

到对国家、对人民、对社会负责。在洋泾中学考察期间，我们聆听了一位教务主任的发言。他的发言内容是《走班制教学的经验介绍》，这位教导主任为我们详细介绍了关于走班制的课程设置、评价机制、操作环节及其细致。他既津津乐道地向我们讲述了走班制的成果，也毫无避讳地讲起了走班制的种种弊端。这令我们在场的名师颇感意外，一所学校，尤其一所名校，能在"外人"面前揭自己的短，扬自家的"丑"，在我看来是很少见的。这种实事求是的教育态度不正是洋泾中学教师谨遵校训的深刻写照吗？教育之路，绝不是平坦的，不敢面对问题的教育只能是镜中花，水中月。不实事求是的教育是不负责的教育，是不尊重生命的教育。只有"实事求是"才能真正为教育立命，也只有"负责"才能真正为教育立心。

二、持之以恒的教育精神

培训期间，我们很荣幸旁听了叶澜教授的《生命教育》的专场报告。那天，我们是在离会场很远的转播厅里聆听的。叶澜教授旁征博引，为我们讲述了生命教育的十二个信条。当报告结束，我们得知那天正是叶老七十五岁生日时，主会场、分会场不约而同响起了热烈的掌声，大家齐唱《生日歌》为叶老庆生。我想，叶老令人敬重的不仅仅是她在教育事业上所做出的丰功伟绩，

更是她持之以恒的敬业
精神。叶教授是华东师
大的终身教授，七十五
岁的她本可以享受天伦
之乐，安度晚年，可是

她把自己的余热继续奉献给教育事业。如今她带领自己
的团队继续致力于生命教育的研究。叶澜教授是教育路
上永远的行者。像这样的教育前辈还有很多，江苏的李
吉林老师，她四十年如一日研究情境教学，现在，情境
教学早已在中国大地上生根、发芽、开花、结果，如今，
李老师已经八十岁高龄，但仍然坚持回校上班，继续情
境教学的研究。一项研究做了四十年，还坚持继续研究，
这是怎样一种持之以恒的敬业精神啊！

三、思行统一的教育习惯

记得华东师大的王建军教授在《教师专业发展》中
讲道：教师要有勤于动笔的好习惯。王教授在讲座中讲
到了这样一个案例：一位学员在王教授的讲座中恰好与
王教授的某一个观点达成了共识，而这一观点正是那位
学员苦苦寻找的答案，王教授的讲座让他找到了理论的
支撑，于是，那位学员趁热打铁在王教授的课堂上随即
写下了长达万字的文章。要想在教育路上走得更长远，
就要拥有勤于动笔的好习惯。想想自己，教龄已有 20 年
之久，有经验，有故事。但是却往往懒于动笔，所以当
初闪烁的火花因为没有及时动笔而彻底熄灭。教育过程

中，闪出火花的事情时有发生，难得的是需要及时动笔。动笔的过程就是总结的过程、反思的过程，更是提升的过程。中国有句成语叫"厚积薄发"，意思是说只有准备充分才能办好事情。作为一名教师，只要勤于动笔，天长日久，必定会形成自己的教学主张，自己的教学风格，必将成为一个厚重的教育人。

如今的我早已拭去了初登教坛时的青涩与轻狂，拥了一定的底蕴和积淀，正值教育的黄金期。我想，只要拥有南方教育者那种实事求是的教育态度，持之以恒的教育精神和勤于动笔的教育习惯，就能成长为名副其实的教育人。教育路上，不忘初心，且行且努力。

2016 年 12 月 30 日

国培记忆

携一抹领悟，收藏点点滴滴的快乐，经年流转，透过指尖的温度，期许岁月静好。十天来，于南通学习生活的海洋中踏浪，云帆尽头，轻回眸，云淡风轻，处处别有洞天。

——题记

魅力南通

2014 年 9 月 12 日，当我下了火车踏上南通这片土地时，我立刻感受到了这座南方小城迷人的气息。

9 月份，在我们北方已是层林尽染，落叶飞舞的季节了，然而南通的秋，仍是满眼是葱绿，树木的叶子上面仿佛打了一层蜡，油光发亮，我不禁想起《鸟的天堂》中的句子："仿佛每一片叶子上都有一个新的生命在颤动，这美的南方的树。"南通的雨是温柔的，细细的，轻轻的，似乎洒在空中不愿落下来似的，即使从街头走到街尾，都淋不湿衣服，对于我们这些北方来客，常常空手走在雨中，尽情享受这天然的润肤露。我们去的真巧，桂花刚刚初放，宾馆旁，校园里，大街上，桂花那馥郁的香气沁人心脾，说"十里桂花香"一点不为过。

南通的景美，人更美，走在大街上，当你问路时，热情的南通人会操着一副拗口的普通话为你指引方向，甚至会送上一程。南通人特别热爱自己的家乡，在他们的口中，他们家乡的濠河能与南京的秦淮河相媲美，他们家乡的狼山是最有灵气的山。每当他们介绍起自己的家乡时，他们对家乡的那种热爱之情溢于言表，同行的 50 位学员，我们有一个共识，那就是：没进课堂，可爱的南通人已经为我们上了一节生动的教育课。

南通是情境教学的发源地。情境教育的创始人全国著名儿童教育家李吉林老师在接受习主席的亲切会见之后，不顾旅途的劳顿，与大家亲切会面，并为大家上了一节课"情境教育的昨天·今天·明天"。李吉林老师，已经七十五岁了，但她精神矍铄。1978年她开始了情境教学的探索之路，她又相继探索了情境教育和情境课程。今年教师节她受到了习主席的亲切接见。这已经是她第二次受习主席的接见，可见她在情境教育上的卓越功勋。情境教育已经走过了三十六年的探索历程，目前李老师仍然带着她的团队继续情境教育的研究。当我们知道李老师研究情境教育已经三十六年并继续研究时，我们对李老师的崇敬之情油然而生。一个人三十六年做了一件事，是何等的执着啊。所以当李老师来到会场时，全班的学员不约而同起立鼓掌，我想，我们的掌声不仅是对她此行的欢迎，更是对她教育品格的崇敬。

国培日记

正是国培开班时

（2014年9月13日）

秋天的南国，风是温和的，雨是轻柔的。沐浴着和风细雨，"国培计划2014——吉林省小学语文学科带头人培训"如期开班了。今天在这里有幸领略了百年名校——南通师范学院的风采。在班上，结识了培训班的领导和来自吉林、山西的教育同行，颇有些相见恨晚的感觉。当我们了解到通师高专领导、老师为我们这次学习做了大量周到的工作时，心中感动不已；当我们得知李吉林老师要亲自为我们上课时，大家更是激动万分。有人说："靠近清泉，心灵会得到滋润"，可我要说，走进良师，素养一定会得到提升。我将珍惜这次来之不易的学习机会，认真学习，细心领会，将学习成果带回学校，为家乡的教育再尽一份力。

秋风绵绵，细雨霏霏，正是国培开班时。

为孩子的幸福人生奠基
（9 月 14 日）

倾听施建平老师的讲座，真是让我耳目一新。那么多丰富的案例，他讲了整整一个下午，但还是那样津津乐道，神采飞扬。从他的讲座中，我真切地感受到，他和他的孩子们，他和他的老师们都是那样幸福，那样快乐。

他领着孩子们赤脚走四方，夜行军，中秋赏月……看，那月色，那水影；听，那琴声，那笑声，孩子们的童年是多么幸福！秋叶飘落的时节，他和孩子们一起捡落叶，做书签，贴画报，编童话，孩子的童年多么快乐！一滴露珠，一个音符，春夏秋冬，日月星辰，风霜雨雪，花鸟虫鱼，孩子的世界多么缤纷！生活中的万事万物都是他课堂教学的素材，都成了他为孩子们插上想象翅膀的凭借，丰富的生活，为孩子提供了大量的写作素材；快乐的体验，激发了孩子们丰富的想象，语文课一定能成为孩子们每天上学路上最期盼、最幸福的事情。

为了孩子的成长，施老师都想到了，做到了。他那么专注，那么辛苦，但他是那样的快乐，他是孩子们幸福人生的奠基人。

"放开眼界读书，站稳脚跟育人"
（9月15日）

感悟于通州区实验小学校长王笑梅的生命语文，赞叹她的精彩人生。王笑梅——一个集无数桂冠于一身的女强人，光鲜亮丽的背后是一种执着奋斗的艰辛。一个人不可能随随便便成功，这种成功是实践智慧的产物，这种成功是默默付出的回报。成尚荣督学讲过，一个人的成功是需要有关键人、关键点、关键事。追根溯源，在南通享有盛誉的专家和学者哪一个不是饱读诗书？他们成功的关键点之一就在于读书。读书，这也是这几天来每一位专家对我们提出的要求。用知识完善自我，未来的路才会越走越宽。对于我们语文教师来说，必须把握时代脉搏，让读书成为时尚，引领我们的孩子在书的海洋里尽情遨游，让读书成为我们生活中不可缺少的一部分。我想施建平校长如果没有足够的知识，就不可能把《小学语文情境教学》扎扎实实落实好，沈大安老师如果没有厚重的文化底蕴是不可能引领我们来探索《阅读教学设计的改进》；成尚荣督学把《小学教师专业标准》解读得如此透彻，源于他对不同领域知识的深刻思考。

细细思考两天来每一位专家的讲座，他们有一个共同的主旨，那就是让我们每一个语文人能够静下心来教书，潜下心来育人。

让我们把握现在，让读书成为我们生活的主旋律，成为我们语文生命的主旋律。"放开眼界读书，站稳脚跟育人。"

情从文生，理自心来
（9月16日）

一个简单易懂的民间小故事，竟然能让李伟忠老师演绎得妙趣横生、回味无穷，着实让人敬佩。更让我喜欢的是李老师一边有声有色地描述，一边又是得理得法的讲解。曾经让我一知半解的"语文教学六法"和仰慕已久的"情境教学"，就在这样绘声绘色的情境解读中豁然开朗。从拿到文章的无从下手，到听课后那种跃跃欲试的冲动。心中不觉赞叹：好深的教学功力呀！

阅读教学，都应紧扣一个"情"字，"情"从哪里来？来自教者的慧眼和独有的职业嗅觉。也许我们听后都会感叹：我怎么没想到呢？"情从文生、理自心来"。静心修炼吧，修炼一份内在的功力。这份功力，需要知识储备、需要智慧和悟性、需要历练与打磨。这样，课堂中才能一切都做得从容。

教经典文化，育有根的人
（9月17日）

传统经典文化是为时间所检验而流传至今的优秀经典作品。先秦诸子、楚辞诗经、唐诗宋词等都属于这个范畴。传统经典文化是我们中国人的文化之根，民族之魂。经典教育是根基教育，能帮助孩子奠定四大人生根基，即：语文根基、人文底蕴根基、好习惯根基和高尚道德根基。让儿童读诵文化经典，接受传统优秀文化的熏习，即在儿童心灵最纯净、记忆力最佳的黄金时期，接受最具智慧和价值的经典，在幼小的心灵中潜移默化，以文而化，逐渐培植其德福，开启其智慧，从而奠定他一生的高远见识和高尚的人格。

作为语文人，应该教经典文化，育有根的中国人。

幸福人生
（9月18日）

教育专家严清老师在讲座中说："作为教师就要有一种感受幸福的心情，一种收藏点滴幸福的心情。"专家的话语让我再次触摸到了自己的幸福。是的，幸福就是一个成绩落后的学生在我的引导下进步了；就是一个犯了错误的学生在我的教导下知错就改了；就是一个无比内向的孩子把心底的秘密告诉我了；就是一个不善交际的学生把我当作亲密的朋友了……专家的讲座让我深切体味到："做幸福的教师，是目标；幸福地做教师，是践行。"我愿意在感受教育真谛的同时，践行自己的幸福人生。

真教育
（9月19日）

几天的培训，我非但没有感觉到累，反倒让我感受到学习的快乐。每一位专家的讲座都让我意犹未尽，精湛的教育理论，潜心钻研教学的精神无不让我为之叹服。今天，李庆明老师用睿智的眼光和独特的视角来解读文化情景中的新语文教育，并且把语文与哲学有机地融合起来，真是别具匠心。试想这样的教，孩子们怎能不喜欢？一个个鲜活感人的案例，高超的朗读水平彰显了李老师——一位教育专家的独特魅力。记得李老师说："孩子们，我不欠你们整个世界，但我欠你们一扇窗。"李老师也正用他的实际行动践行着这句话。

发掘文本
（9月20日）

好课来源于匠心独具的教学设计，而好的教学设计又来源于正确、深入的文本解读。今天的讲座中，刘教授从利用课例讲解到鼓励大家合作探究，从各组的交流展示到应用提升，让我们懂得，如何在实践中细细地解读文本，即如何"以生为本"将学习目标细化；如何在语文教学中将听、说、读、写训练落到实处；如何建构模块，科学设计学生的语文实践活动。

在刘教授的带领下，全体学员以《去年的树》为例，分组进行教学设计，我们仿佛回到学生时代：朗读、默读、提出观点、互相点评。我们关注文本中的每一个字、每一个词、每一句话，细细体会它们的作用，大家相互启发。经过反复思考、讨论、推敲，我们终于设计出了以学生为本的教学模块。此时，我真的感受到教学是一门艺术，是一种创造性的劳动，是一个充满挑战和创新的过程。当我们从文本中发现了作者巧妙的构思，感受了文字的温度，发现了人生的价值，发现了生命的真谛时，再将其精心的设计寓于教学过程中，喜悦之情油然而生。发掘文本将成为我教学研究的新起点。

走近教育家
（9月21日）

来到南通的一个多星期，李吉林的名字已经如雷贯耳。盼望着，盼望着，今天我们终于盼到了李吉林老师的到来。当李老师走进会场的那一刻，会场里不约而同地响起了雷鸣般的掌声。李老师作为情境教育的创始人、首届国家级基础教育成果特等奖第一名的获得者，为我们讲述了情境教育的昨天、今天和明天。李老师质朴、谦虚、平易近人的治学态度令我深深折服。五十年来，李老师在自己的三尺讲台探索耕耘，播撒情境教育的种子，她如此高龄，对工作还能持之以恒，对中国教育影响之大，她不愧于儿童教育家的光荣称号。

别国培

（9月22日）

时光匆匆，十天的国培时间是短暂的，但留下的思考却是深远的；十天的国培内容是纷繁的，但每次的角度都是独特的；十天的国培学习是紧张的，但留下的感觉是幸福的。回忆每场讲座，专家们或睿智，或沉稳，或思辨，无不滋润着我的心田。专家们以鲜活的案例和丰富的知识内涵，以及精湛的理论阐述，使我的教育教学观发生了很大的变化，更重要的是我从专家的身上学到了做人和做学问的道理。他们的讲座折射出一种责任：国家昌盛，系于教育；教育昌盛，系于我身。他们的阐述中表现出一种风范：不以文章小而不格；不以孩童小而不教；不以世事纷而弃修；不以家事烦而怠育人！在这里，我的心灵得以净化，人格得以升华。

玉不琢，不成器；人不学，不知义。

南通之行，不仅感受到南通这座小城的宁静与秀美，更感受到南通教育人的踏实与勤奋，以及南通教育的扎实与纯净！我愿意在教育之路做一个永远的行者。

> 吴音缭绕南国风，
> 艳雨霏霏皆有情。
> 明朝一别通城去，
> 情境路上踏征程。

体验中成长

——长白名师汇报

尊敬的各位领导、老师：

　　大家上午好！

　　汇报之前，我想请大家与我一起温习两个画面。这个地方大家一定都不会陌生，对，这是省教育学院印刷厂——两年前，我们曾经在这里参加长白名师的选拔。看到这两张照片，相信很多老师和我会有同样的感受：长白名师选拔的一幕仿佛就在昨天。目前为止，这是我参加过的最激烈的一次选拔。一个月以后，我接到了成功入选"长白山教学名师培养对象"的喜讯！领导、同事们向我祝贺，让我有了自信与压力；孩子们向我祝贺，我感到几许自豪与挑战；两年来，我一边体验着名师路上的酸甜苦辣，一边在名师路上渐渐成长。今天，我汇报的题目是《体验中成长》。

一、感恩有你　砥砺前行

　　今天站在这里，我最想说的是"感谢"。首先我要感谢省教育厅领导为我们名师插上腾飞的翅膀，给了我们追寻太阳的梦想；我也要感谢省幼儿教育培训中心的领导和老师们，如果不是站在你们这些巨人的肩膀上，我不可能迅速成长。我还要感谢在座与我一路同行的伙伴们，是你们的支持、关爱给了我前行的勇气和力量。不曾忘记开班仪式上潘厅长深情的嘱托和殷切的希望，不曾忘记培训中心的领导、老师的谆谆教导与悉心培养，也不曾忘记伙伴们的团结协作、相扶相帮。

两次省外学习，我不仅见识了大都市的繁华，更领略了中国前沿教育的风采。华东师大的学习，南方教育人求实、奉献、思行合一的教育精神如南国温暖的风拂面。北师大的学习，让我切实体验到翻转课堂的魅力，让我体验到了参与的可贵，合作的重要，以及头脑风暴带来的震撼。如果说省外学习是饕餮盛宴，那么，省内培训就是及时雨。作为一名名师必须具有科研能力，而这一项恰恰是我们大多数人的短版，省幼儿培训中心的培训团队对症下药，为我们做了耐心、科学、细致、有效的指导。不记得多少个夜晚，星月与我为伴；不记得多少个黎明，我与太阳同行。然而，我却走得那么踏实而坚定。因为我深深知道，只有经历了破茧的痛，才会在空中留下美丽的身影，只有饱尝了风霜刀剑的洗礼，才会有叱咤风云的豪迈。这种痛既能给我深刻的思考，又能给我美好的希望。我喜欢这种痛并快乐的成长滋味！

二、体验躬行 润泽生命

"纸上得来终觉浅，绝知此事要躬行"。再先进的理念和思想也要在具体的教育教学实际中践行。在培训专家的指导下，在学校领导的支持下，在同事的帮助下，我立足于教学实际，开展了"基于丰富小学生习作素材的体验活动研究"。经过一年多的潜心研究，探索出体验活动的开展路径，即以校园为主课堂，以社会为主阵地，以家校联动为主渠道的三条路径。活动中，总结出体验活动的设计策略，即注重主体，以人为本，重视学生的主体参与；注重整合，关注人的整体发展，注重各学科的相互渗透与整合；注重体验性，注重学生亲身体验获得直接经验和感受。总结出体验活动的具体指导策略，包括观察指导策略、提炼方法指导策略、展示与评价策略。如今，课堂上，校园里，大自然中都留下了我和孩子们体验的足迹和身影。在体验中，孩子们开阔了眼界，丰富了感知，活化了情感。渐渐地，我发现孩子们不再"谈写色变"了，爱写作文的孩子越来越多，作文质量也有了明显的起色。他们喜欢拿笔写自己难忘的体验经历，愿意与他人分享体验的快乐与幸福。班级涌现出许多小作家和优秀的作文。与此同时，我将研究延伸到阅读教学之中，以体验为"支点"，将儿童经验与阅读理解相结合，寻找读者与文本的情感共鸣之处，使学生在语文学习中获得思想启迪，受到情感熏陶，享受审美乐趣。研究中，我以思想为桨，行动为舟，注意思行结合，及时将宝贵的研究资料加以收集、整理，两年来，我写的案例、随笔达二十余篇，其中《谷穗弯弯》获得辽源市"我的教育故事"大赛一等奖，我撰写的论文《注重学

生体验　丰富习作源泉》发表在《吉林教育》2017 年第三期，并于今年 6 月荣获吉林省第十届教育科研成果奖，执教的作文微课《寻找生命之美》荣获吉林省中小学信息技术创新大赛二等奖，执教的《桂林山水》荣获 2016 年中小学科研成果一等奖，我的研究得到了县教科领导的认可，今年 4 月，我代表学校在全县课题经验交流会上做经验分享。尝到体验甜头的我，在此项研究的基础上，又进行了深化与拓展，"基于提高小学生习作水平的体验活动研究"已经成功申报吉林省基础教育科研课题。"问渠那得清如许，为有源头活水来"，体验活动，正如源头活水润泽我和孩子们的生命。

三、常教常新　语数双栖

"创新是一个民族的灵魂，是国家兴旺发达不竭的动力和源泉。"没有创新的民族是没有希望的民族。作为未来的名师要走自己的创新之路。在研究与实践中，我逐渐发现，与体验相结合的教学才是本真的教学，体验是学生作文和阅读的原动力，因此，我提出了"体验是语文教学的'支点'"的教学思想。结合我个人的性格特点，加上我对语文教学的认识和理解，初步形成了自然、洒脱——水到渠成的教学风格。我的语文课堂，不刻意雕琢，不追求花哨，但荡漾着智慧与魅力，时而因势利导，时而雪中送炭，时而推波助澜，于无向处指向，于无法处教法，于无疑处激疑，于无力处给力，静能春风化雨，润物无声；动能点石成金，琢璞成器，天然所成，

有"水到渠成"的畅快之感。由于地方师资设置的传统
所致，我们地区的语、数老师不分家，也就是语、数教
学由一个人来担任。我也是如此——既是语文老师，又
是数学老师，现实要求我必须"两科抓，两科都要硬"。
所以，我在致力于语文教学研究的同时，也丝毫没有放
弃对数学教学的研究，多年的数学教学中，我逐渐形成
了"简约不简单"的教学风格，我的数学课堂要的是简
约的结构、深入的对话。去年，我在县一星级数学名师
的基础上，再接再厉，晋升县二星级数学名师。我执教
的数学课"周长"被评为部级教育精品课程。我撰写的
论文《运用信息技术 助力小学数学课堂》发表于 2016 年
《中小学电教》第 7 期。有人说我是"语数双栖"，其实，
如果你不曾经历，怎能知道光环背后的不为人知的艰辛
和付出的努力，但我无怨无悔。

四、花香载途 教育春天

俗话说："一花独放不是春，百花齐放春满园。"
每次学习归来，我都要为全校老师做报告，告诉他们外
面的世界有多大，中国教育走得有多远。每学期，我们
县里都要进行名师"点将"送教下乡活动，不论语文、
数学，我逢"点"必到，每到必讲。自活动开展 8 年来，
我几乎踏遍了东辽的山山水水，走过了 10 多所小学，也
许我的课并不能让老师们有什么改变，但至少带去了我
对教育的热情。我所帮扶的青年教师于丽红去年被评为
校级名师，今年所指导的两名实习生成功考入教师事业

编。今年，我荣幸地被省教育厅聘为"省培专家"，6月份，又被评为吉林省科研名师。多年以来，与教育伙伴携手同行，我深切体会到：一个人可以跑得很快，但一群人却可以走得更远。

两年的名师学习时间很短，只不过是我教育生涯的八分之一，两年的学习时间又很长，因为，它增加了我教育之路的长度与宽度。两年的时间里，我一路走来，有艰辛，有泪水，有鲜花，有掌声，但我最想说，相比成功，我更愿意选择成长。

2017 年 8 月 13 日

只为一个梦想

勤奋是一种品质，坚韧是一种意志，拼搏是一种精神，创新是一种能力，当我拥有这些的时候，就已注定我必将在我所热爱的教育事业上书写辉煌。

从事教育工作十六年来，我凭着对教育事业的无限热爱，以一位教师的责任和执着，以一名名师的使命和探索，诠释着今天教育的使命和明天教育的期待。

——题记

从小，我就梦想自己长大后能成为一名教师，用一支粉笔，点拨知识王国的迷津；用一根教鞭，指向学生通往理想的道路。20岁那年，我终于圆了教师梦。当我怀着喜悦和激动的心情第一次踏进校门时，我就知道，我选择的不仅是一个职业，更是我魂绕梦牵的事业——神圣而伟大的教育事业。年华似水，回首相视，竟已在教育这块神圣的沃土上耕耘了一十六载。回眸自己工作的这些年，成功的不成功的，快乐的不快乐的，都在眼前一幕幕鲜活起来。在漫漫时间中，我和孩子们扮演主角，编写着我们之间最动人的故事，最重要的是，在这些故事中，我体验了许多，懂得了许多，收获了许多……

"认认真真做事，踏踏实实做人"是我一直秉承的理念，我经常对自己说："认真能把事情做对，用心才能把事情做好，梦想和现实只差一步。"

我还清楚地记得我第一次走上讲台时的情景，我激动不已，因为，我终于成为了一名光荣的人民教师，我站在了人生最重要的起跑线上，我在心中默默地告诉自己：我要当一名好老师。

有位名人曾经说过："把热爱自己的专业和热爱自己的学生结合起来才是好老师。"刚刚工作的我毫无经验，知道要爱自己的学生，却不知道如何去把握分寸，更不知道什么是严慈相济，于是真的和孩子们打成一片。陪伴着孩子们成长是一件让人感动的事，看着孩子们可爱的笑脸，听着他们单纯而有趣的问题，一种幸福感油然而生。然而，由于我的"爱"，使得这些小天使们变成了调皮捣蛋的小恶魔，常常让我苦不堪言。

与此同时，我的教学工作也进入到了举步维艰的境地。课前已做好充分准备的我，本想可以做一名威风凛凛的大将军挥舞教鞭驰骋三尺讲台，可是我却发现，课下还生龙活虎的小家伙们却不买我的账，不是无精打采，就是交头接耳，甚至还传出了歌声和哄笑声，我的指挥棒失灵了！我恼火了，第一次在他们面前发了好大的火。回家后，我泪水满眶，我迷茫了。我问我最敬爱的老师，我说我感到委屈和无助，我怀念学生时代的日子。老师说，人不能总活在过去，需要一个从学生到教师的蜕变，这种蜕变是要付出代价的，那就是虚心学习，学会尊重、理解、宽容、沟通，赏识孩子。年轻的生命不允许波澜不惊，按照老师的提示，我努力着。

我深知我是平凡的人，但是，教师却是不平凡的职业，站在不平凡的岗位上，我用点点光亮带给孩子们别样的春天。学生奇学习成绩差，父母离异，他和一个刚刚两岁大的弟弟与母亲生活在一起，然而祸不单行，奇的母亲已淋巴癌晚期，家里的生活只能靠亲戚们的一点资助勉强维持生活。看着奇每天穿着大人们不要的大鞋上下课，我心里很不是滋味。于是，我和班干部商量，号召全班同学向奇伸出友爱之手。短短几天，奇就收到捐款五百多元和一套衣服、两双鞋。每天，我在给儿子带水果时，总不忘给奇也带上一份，儿子穿小的衣服，我就打成包送给奇的弟弟。从那以后，奇好像变了一个人似的，各方面都有了很大的进步，他母亲的脸上也露出了久违的笑容。如今，奇已上高中，去年教师节，他在发给我的短信中深情地写道：一日为师，终生为母。

作为班主任，要爱所有的孩子。我曾教过一个叫荣的智障学生。荣刚入班时，招来了许多学生的歧视，加之学习不入门，荣的情绪十分低落，家长也十分苦恼，她几度产生了辍学的念头。我没有放弃她，一边做其他学生的思想工作，一边教她生活的本领。荣不会数学，我就教她使用计算器，她喜欢写字，我就教她认字读书，小学六年毕业时，荣已经具备了一些生活能力，现已被一家工厂录用为一名合同工。逢年过节，她总是不忘给我打电话或发短信，每当那时，我便感受到了教师的富有和幸福。

学生们不只是渴望老师的关心与爱护，更渴望的是激情四射的课堂。"资则深，则左右逢源"。前面的失败并没有吓倒生性倔强的我，我开始到处听课，向老教师学习教学工作中的点点滴滴。在老教师身上，我看不到一丝紧张与无措，取而代之的是他们和学生融为一体的轻松。我茅塞顿开，原来课堂教学真的很讲究技巧！如果说梦想照耀了我前行的路，那么，科研则改变了我思想的深度，更改变了我行走的角度。我虽然身高 1.68米，但是，我开始试着蹲下身来，与学生平视，我精心创设情境，充分调动学生的积极性，发扬民主教学，营造和谐的课堂氛围，注重知识构建过程，倡导学以致用。在课堂融入了"主动""能动""会动""全动""生动"五元素以后，课堂上的我褪去了往日的紧张与羞涩，变得自然大方，我的生命又充满了生机与活力！如今，无论是我的语文课堂，还是我的数学课堂，经常会不约而同地响起孩子们雷鸣般的掌声。有人说我是"水陆两栖"，其实，这只不过是教育梦想与现实相融合的结果。当看到孩子们的目光由迷惘滞固变得清澈而富有灵性时，当拼命讲解变成轻松自如的引导时，我真正感受到了教育并快乐着，所有的付出只为这一份美丽梦想的实现！

2010 年，在那个春光浪漫的时节，我获得了有生以来最高的荣誉——东辽名师！当我身披绶带、手捧鲜花站在领奖台上时，我深深地知道，这是一种荣誉，也是一种鼓励与鞭策。在"名师"光环照耀下的日子，我的工作忙碌而充实。作为一名名师，不仅要有"一桶水"，而且要有"自来水""长流水"。为了使自己有更丰厚的积淀，我不断为自己"充电"，认真学习教育教学理论，夯实自己的理论基础；阅读文学作品，增加文化底蕴。我将外出学习的经验有机整合到我的课堂教学中来，形成了质朴不乏生动的教学风格。每次送教，我努力抹去课的浮华，记得一位教学领导课后对我说："吴老师，你的课能让我们的教师抓得住，摸得着。"为了充分发挥名师的辐射作用，我除了参加县里的名师活动以外，还积极参加校内组织的教学活动，每学期的校本教研活动中，总有我发言的身影。2011 年，我代表学校语文教研组在全县"青蓝杯"语文评优课中做评课发言，受到了与会领导与教师的好评，我们教研组被评为优秀语文教研组。我所结对的青年教师张老师课堂教学水平明显提高，被评为县级骨干教师。三年的名师生涯，让我深深感到，名师不仅仅是一种荣誉，更是一种使命。

桃李不言，下自成蹊。十六载，漫漫长路，我从迷茫到思索，从思索到顿悟，从顿悟到实践，在不断追寻的路上我收获了一些果实：国家级语文课改先进个人、省师德标兵、省语文学科带头人、市教学能手、县级数学名师。但是在工作中，我也曾哭过，悔过，可是谁不是一边受伤一边成长？现在我要说的是，我喜欢和孩子共同度过的岁月，有孩子陪伴的成长，是一件幸福的事。近观眼前满目春，放眼远处春更浓。我愿意把所有和孩子之间的故事精心地编织成美丽的花环，装进行囊里，挂在月明的窗下，珍藏在岁月的记忆里。

在学习中成长

——省级骨干教师培训学习体会与收获

紧张而有意义的省级骨干教师培训学习匆匆结束了，

回顾十天来的学习，可以说感想颇多，收获颇丰。

一、思想境界得到提升

随着市场经济的到来，人们的价值取向和社会价值评价呈现出重利轻义的特点，在这种情形下，人们的思想观念发生了深刻的变化，特别是一种职业的选择和评价在较大程度上取决于从业人员的经济待遇和工作环境。由于我国教师的经济待遇，特别是一些农村教师的经济待遇从根本上还没有得到改善，一些教师不安心本职工作、无心教学的现象较为严重。坦白地说，我的思想也曾一次次受到过冲击，我也曾徘徊过、苦闷过，正当我观望自己的教育前途时，郭连平老师的一场师德报告震撼了我的心灵，洗礼了我的头脑，重塑了我的人生理想。在莽莽大山的深处，在炊烟袅袅的村落，郭老师恪守着清贫，忍耐着寂寞，作为乡村教师，他既要手拿锄柄，在黑土地上劳作，维持生活的温饱，还要手执教鞭，在心灵的沃野上耕耘，为孩子们播种精神的食粮，尽管压力重重，可他却深深挚爱这三尺讲台，他对事业的执着，对学生的负责，让人感动，令人落泪。与郭老师相比，我拥有着优越他几倍甚至十几倍的工作环境和生活环境，但却缺少了几分心气儿。郭老师的这一场报告让我深思，催我自醒，作为一名人民教师，怎能见小利而忘大义？"教师是太阳底下最光辉的事业"，这是人们对我们这一职业最高的定位。时代发展了，社会巨变了，但不能变的是甘为人梯、红烛的敬业精神。我想，爱教育事业首先要爱学生，教师要真情对待学生，关心爱护每一个学生，公平地对待每一个学生，不厚此薄彼，把自己的全部情感倾注于学生身上，与学生心心相印，竭尽全力教育好每一个学生。其次，我们要有甘于奉献的精神，虽然我们的物质生活不够丰厚，但是我们拥有的是巨大的精神财富，身为人民教师，要坚决抵制拜金主义、享乐主义不良思潮的冲击，自觉提高自身修养，拓展知识视野，提升敬业精神，早日成为一名名副其实的人民教师。

二、理论基础得到夯实

理论来源于实践，但又升华于实践，实践的逼近是理论得以发展和创新的前提，理论对实践所具有的对照性、诊断性、导向性是不言而喻的，作为一名教师，只有不断学习，不断丰富自己的积淀，才可以日趋专业化。由于以前我的理论底子较薄，所以在教学教研中遇到了许多困难，在这次培训中，通过聆听几位知名专家的讲座，大大丰富了我的教育教学理论基础，在宋海英教授那里，我知道了如何选题，如何制订实验方案，如何进行研究，如何进行阶段总结，如何撰写课题报告等；在盖笑松教授那里我知道了如何开展行动研究，还有，张嘉伟教授教导我们在新课改的形势下，如何提高自身心理素质；齐放教授的"新课程与多元智能理论"一课，让我懂得了要多一把衡量学生的尺子，如此等等。一场场生动的讲座仿佛化作了涓涓的河流，滋润了干涸已久的心田，经过培训，我的脑子充实了许多，在今后的工作中，我将这些众家之精髓和自己的思考实践结合起来，形成自己的教育理念，使自己的教育教学水平逐渐提高。

三、认识差距

在十天的学习当中，我聆听了大家名家的讲座，领略了他们的风采，我们骨干教师之间也曾多次开展合作学习与反思，在这些活动中，我深深感受到无论从学识还是实践经验方面，我远不及他们，"骨干教师"这一称号用在我身上显得那么无力。我找到了我与这些教师之间的差距，他们才是我学习的榜样。

四、坚定信心

在学习中，我找到了与优秀教师之间的差距，明确了自己努力的方向，我将树立终身学习的意识，保持开放的心态，把学校当作事业的舞台、学习的场所，在实践中学习，不断对自己的教育教学进行研究、总结、反思，使自己成为一名真正的骨干教师。

感谢省教育学院领导为我们教师提供了这次难得的学习机会。我坚信"只有学习精彩，生命才会有精彩；只有学习成功，生命才会成功"！

2005 年 8 月

盛开的蔷薇

——读《走过的路》有感

　　《走过的路》是郝姐送给我的，由于与郝姐身处异地，书是经人转送到我手上的。书很厚重，封皮设计质朴，里面有郝姐的赠言和亲笔签名，字迹娟秀，每当看到她的字，心底总会升起一股暖流。

　　和郝姐相识是在两年前长白名师的选拔中，由于巧合，和郝姐同住一个房间。她给我的第一印象就是人如其名，亲切，温和，散发着一种少有的优雅。名师选拔时，和郝姐相处虽然只有两日，但她却给我留下了深刻的印象。刚入住，我的胃疼病就犯了，郝姐十分着急，由于没有暖胃的东西，她灵机一动，就把水烧开，再灌进矿泉水瓶里，矿泉水瓶口很小，水又特别烫，眼看倒进去的开水把瓶子烫变形，可是郝姐仍继续小心地灌，我怕烫伤她，劝她晾一会儿再灌，可是她没停，她说那样不够热，暖不了胃。相识不过几个小时，可是郝姐如亲人一般细心照顾着我，看着她一直挂在脸上的微笑和她手中渐渐满起来的水瓶，一种感激涌上心头。清楚地记得在印刷厂过的第一夜，郝姐给我换了两次热水，她见我有所好转，就拉着我一起背题，她资料多而详细，尤其是每一页都有郝姐用彩笔留下的标注。她告诉我去年名师选拔时的考试内容，帮我分析这次考试的方向，当两手空空毫无准备的我试探着向她借备考资料的时候，她一股脑地把除手中之外的所有资料统统递给了我，我们是室友，但同时我们也是对手，毕竟还有百分之五十的差额啊，这是何等的胸怀！眼前这位女子在我眼里渐渐高大起来。在名师选拔那两天里，每天都是郝姐拉着我一同去吃饭，一同去散步，总是时不时地问我胃还疼吗。有她在我身边，我感觉我的思想和行动都比较迟缓，因为她总能想到我的前面去，做到我的前面去，名师选拔的日子是紧张而残酷的，但是有郝姐在我身旁，我有了依靠，镇定了许多。

郝姐在省内教坛上颇负盛名，但是她没有傲气，从不高高在上，那种谦虚好学的品质如同蔷薇花一样馨香。名师选拔那两天晚上，郝姐回到寝室就进行各种复习与准备，她带的资料足足有一大摞，新写的东西也有很多，记得当时我几次从梦中醒来，看到她仍在聚精会神地记着、写着，那种毅力是很少见的。以后的名师学习中，我发现每一节课她都听得极认真，字迹永远是那么漂亮，她的笔记内容详细又有条理，经常做成思维导图，看她的笔记，有一种欣赏艺术作品的感觉。每次学习，她都能记下厚厚的一大本。和郝姐在一起的日子，发现她的身边总是有那么多的人围着她，因为我发现，她充满了阳光，和她在一起，感觉很舒服。

和郝姐在一起，总有学不完的东西，她待人平和，对谁都一样，而且，她总是向别人传递一种正能量，她关心爱护身边的每一个人，帮助别人成长。记得在北师大学习，有一天下午，上完课，她拉着我去国家大剧院看歌剧，因为她听说我从来没去过国家大剧院，也从来没在剧场里看过歌剧。那一天晚上也十分难忘，郝姐领我和几个同学绕剧场走了一圈，我感到自己像是一个没见过世面的孩子一样。如今，那场剧的内容已经记不清了，但是剧场的雄伟、歌剧的阵势却深深印在我的脑海里。郝姐说，作为名师不仅仅在教学上要有出众的才能，而且还要有开阔的眼界才行。

很遗憾，目前为止，还从未走进郝姐的课堂，但是我认认真真地品读书中所呈现的郝姐教学的精彩片段，算是望梅止渴吧。在郝姐的课堂里，她能把枯燥的数学知识与现实生活紧密地联系在一起，浑然天成。正如她所说的："数学的核心是理性精神，要让数学回归生活，使孩子愿意上数学课，也要花时间培养孩子的思维能力，对学生进行数学文化的熏陶，要教会学生会做事、会想问题。""看"着她的课，我仿佛看到了郝姐亲切的面容，听到了她柔美的声音，听她的课一定是一种享受。

郝姐的漂亮绝不属于那种惊艳的，但你却不得不说她属于"极致女人"。工作中的她是充满教育智慧的，而生活中，她身上散发着生命的馨香：优雅的服饰，清幽的香水，喜欢旅游，喜欢唱歌，喜欢美食，也喜欢看影视剧。她爱学生，爱同事，也爱家人，书中没有郝姐惊天动地的大故事，可是每一个小故事都能温暖心头，如春风拂面。郝姐温柔却不失坚毅，生活的道路无论多么艰辛，都挡不住她寻找幸福的脚步。现在我终于明白为什么会有那么多人喜欢她，尊敬她，不仅仅因为她是数学教学的行家里手，更因为她杰出的人品。

《走过的路》我已经拜读两遍了，每一次都觉得是心灵上的润泽。不知从什么时候开始，我开始喜欢蔷薇，不与其他花儿争艳，静静地开放，一旦映入你的眼帘，便会被它的灿烂吸引：它的颜色，它的芬芳，它的顽强，它的淡然，亦如郝姐。

好家长才有好孩子

——读微信公众号"青榄家长地带"有感

微信真是个好东西！它影响并改变着我们的生活。比如说阅读方式，微信阅读便捷而又灵活，各种公众号信息量丰富，可供选择面广。近段时间我就一直在关注一个名为"青榄家长地带"的微信公众号，觉得内容不错，受益匪浅。这是一个集早教、育儿、教育理念和自育为一体的教育类公共平台，很适合 70、80 甚至部分 90 后家长阅读学习。不仅如此，它也同样适合教育工作者阅读，以便深入探究更为科学的家庭教育方法。

公众号中每天推送一篇文章，涵盖性格教育、情感教育、意志品质教育、学习方法教育等诸多主题，通过大量的实例来说明一种观点或方法，深入浅出，感染力极强，很容易引起读者的共鸣，教育意义深远。通过阅读"青榄家长地带"，让我对家庭教育产生了新的认识，也掌握了许多科学的家庭教育理念和方法，下面简单总结几点建议，与大家分享。

一、想让孩子成为什么样的人，父母首先就要做什么样的人

正所谓言传不如身教，父母是孩子的第一任老师，其言行举止、善恶邪淑对孩子来说尽收眼底，铭刻在心，潜移默化的影响之下必然会对孩子形成榜样引导的作用。

民国时期出生于名门望族的张武龄，他痛恨赌博、不吸烟、滴酒不沾，倒是从小嗜书如命，一生热衷公益办学。张武龄共有十个孩子，四个女儿的名字不但没有半点含花带草的妩媚，而且都有两条修长的"腿"，因为父亲希望她们迈出闺门、走向世界；而男孩的名字里都有一个宝盖头，这是继承家业的希冀，也是父亲希望他们不管走多远，都要记得家。

在那个封建的年代，他希望男孩的心里一定要有家，而女孩的内心一定要广大。其境界与格局，可见一斑。

后来，女儿们才学出众，儿子们也都出类拔萃、学贯中西，成就了中国近代史上的一段佳话。

父母如何做人，孩子就如何做事。有一篇文章题目是《你情绪失控的样子，都进入了孩子的灵魂！》父母的低情商，孩子来买单！父母是孩子最大的命运，父母处理事情的方式会影响孩子的性格，继而影响他们的行为，等到最后，也许就影响了整个人生。

二、尊重和理解，是与孩子沟通的法宝

推送文章中有多篇涉及孩子逆反、母子反目的话题，也都进行了深入的分析。找到原因之后，多数不是孩子本身的问题，而是家长在教育方式方法上有毛病，与孩子沟通出现了障碍。心痛之余，还需理性解决。

一篇文章标题为《父母最高级的爱是和孩子肩并肩》，讲述的是一个暗恋学霸的高中女孩，在父母的帮助下勇敢表白，遭拒后化伤感为动力努力考上名牌大学的故事。

比起监护人和导师，孩子更喜欢和他们并肩作战的战友。多年后女生说："我永远感恩我的父母，在我青春萌动的时候，没有骂我不务正业，没有强行阻止我早恋，而是和我并肩作战，一起战胜年少的懵懂。"

世间有多少家长，明明很爱孩子，却总是不自觉把自己变成孩子的敌人，和孩子站在同一战线上，才能真正让他成长。父母是否在孩子童年时，和他们并肩作战，给了孩子足够的安全感？好父母，都应该是孩子的好战友！

三、好的父母，心都有点"硬"

见过不少孩子，从小都被父母捧在手心，几乎是衣来伸手，饭来张口，凡事都有求必应，但这样教养出来的孩子，却往往不懂得感恩父母，这是为何？

朋友家八岁的小男孩学习认真不用大人看着，听妈妈话还帮做家务，习惯好懂礼貌很是让人羡慕。当我们俩坐在沙发上聊天，我主动请教："你把孩子教得这么好，是不是有什么诀窍？"她答："哪有什么诀窍，别把自己当亲妈就对了，对待自己的孩子，心要硬一点。"

小的时候，对他的心硬一点，对大人孩子都有好处。这一点，我深表赞同。如果小时候，对孩子心硬一点，让他从小感受父母的艰辛，体谅父母的难处，去做一些力所能及的事情，对孩子的成长更有利。

孩子少了，不管富人还是穷人都开始富养孩子了，舍不得孩子吃苦，舍不得孩子哭，舍不得孩子受穷，舍不得孩子受一点点伤，能挡的不能挡的，都咬着牙帮孩子挡了。有一天，老了，没用了，开始被孩子嫌弃了。这种悲哀，何尝不是自己一手促成的。所以，在孩子还小的时候，让自己对待孩子的心硬一点儿，该受的挫折，该吃的苦，该走的弯路，都让他亲自去尝试，年少时没走过的路，年纪大了再走就没了退路。好父母，心都有点硬。

四、关于学习，切记两个字——读书

近日，人类世界永远失去了一个有趣的天才—— 物

理学家史蒂芬·霍金在英国去世，享年七十六岁。对很多人来说，我们可能永远也想不通宇宙大爆炸理论，却看得懂他的生命力，看得到他被轮椅禁锢背后炫酷而有趣的一面。霍金的父母均毕业于牛津大学，一个性格坚毅的爸爸，加上一个内心强大的妈妈，成了孩子们日后坚强性格的基石。对霍金父母而言，让孩子打开眼界、追求知识才是值得花费精力的。有闲就读书，有钱就买书，霍金一家人都爱看书，他们最喜爱的集体活动就是集体看书。作为普通父母的我们，也许并不奢望把孩子培养成科学巨匠，但霍金身上的闪光点，恰恰也是让孩子一生幸福的砝码，值得每一个人思考学习。

董卿这两年因在《朗读者》和《中国诗词大会》等节目中出众的表现被观众盛赞，有网友发出感叹：真是气质美如兰，一颦一笑、一字一句都散发着魅力！而董卿这种魅力与她喜爱读书有关。董卿说：假如我几天不读书，我会感觉像一个人几天不洗澡那样难受。

最近，宁波天华小学王老师的微博"我们1班王悦微"因一篇学生的作文成为网络热点。学生邵梓淇的关于思考时间的作文逻辑精妙，文笔优美，思辨极具张力，令许多成年人惊艳之余感到汗颜，不敢相信这出自一位小学生笔下！小邵的妙笔生花，再次印证了著名作家曹文轩的那句话：把作文写好的秘诀，没有任何别的办法，只有两个字："阅读"。

"青榄家长地带"这个公众号我个人非常喜欢，也推荐大家去关注阅读。最后送各位家长一句话，想让孩子获得长久的幸福，父母需要对孩子的欲望有所节制，需让孩子参与到感恩的行动中来，让孩子体验到非物质的快乐。无论何时何地，都要快乐幸福，他若安好，我们便幸福。

第一次坐飞机

第一次坐飞机，心里一半是欢喜，一半是惧怕。欢喜的是，我终于实现了多年来的梦想，飞向高高的蓝天，舞弄悠悠白云。惧怕的是，从前听到的那些骇人听闻的飞机失事的故事。

第一次来机场，眼前的机场没有想象中豪华，也没有电影中的气派，如我平日里见过的车站一样，旅客形形色色，服务人员普普通通。我顺利地领取了登机牌，座位没得我选，其实我根本也不知道什么样的座位才算好，后来听服务人员说，挨窗子的座位比较好，我不知道我到底会坐在哪里，只死死地记着"53A"。

听着外面此起彼伏的隆隆的飞机声，我的心被震得颤抖起来。开始登机了，不是我想象中的那种登梯入舱，而是随着人流进入了一条狭窄的通道，进而入舱。座位没有想象中的多，空间也没有想象中的宽阔，却如动车车厢一般密闭，我感到有点窒息。我快速地安排好行李，系好安全带，快速搜索乘坐飞机的安全宣传资料，可是还有一半没看懂，因为我不知道救生衣在哪里，看不到氧气袋……但我高兴地发现我坐在了窗旁。

飞机开始在跑道上迅速滑行，机翼震动起来，隆隆声越来越响，我感到我的身体往后仰并渐渐离开了地面。一种没有着落的感觉油然而生。我不敢往下看，但我逼迫自己非看不可。地上的房子变小了，慢慢变成了火柴盒；路变细了，渐渐变成了线。渐渐地，机身变得平稳起来，比坐过的汽车、火车都要平稳。我看到了一片片山岭，还有大地雪白的肌肤。我第一次看到祖国的大地是如此的辽阔！山河是如此的壮美！当飞机飞到了海洋上空，我看到了绵长的海岸线，无数的小岛，再后来就是一望无际的蔚蓝色的海洋。飞机越飞越高，我们的脚下是无边无际的云海，那云好像是用棉花铺成的一般，白而厚，看起来那样自由洒脱，天空如宝石般湛蓝，连一点杂质都没有，纯净得很。不知什么时候，霞光染红了半个天宇，是那么灿烂美丽。看着窗外那个巨大的翅膀忽地倾斜，我的心不由地翻了个个儿。

服务人员通过广播告诉我们飞机开始下降，我开始兴奋起来。飞机下降的速度要比我想象中慢得多，但不知不觉中，白云已经飘在我们的头顶。渐渐地，我看清了地上的房子、路、车子，它们好像被施了魔法，越变越大，我看到了密如织网的水系，规划得井井有条的居民区、经济区，还有灯火通明的街市……

终于下了飞机，脚踏实地的感觉真好！浦东机场，看上去要比龙嘉机场大上几倍，记得我们在机场里穿行好久。出了出站口，一股清新的温暖的风迎面扑来。啊！上海，你好！

坐在开往宾馆的大巴上，我给家人发了一条信息——"安全着陆"。

多年的"媳妇"成了"婆"

——谨以此文献给实小华诞二十年

二十年前，因为一个人的出现，"实小"便一同走进了我的生命里。

2005年，我带着五千元的"嫁妆""嫁"到了实验小学。刚过门儿，没人叫我的名字，大家喜欢叫我"×××媳妇儿""小强对象"，还有"强嫂"。其实，我挺喜欢这样的称呼，因为，我能从这些别样的称呼中体会到家的温度！

对于刚过门儿的我来说，一切都是新的。有一天放学后，我忽然听到急促的铃声骤然响起，我的第一反应就是电铃失控了。"新媳妇"的脚步要勤快，我刚要冲出去找人报告时，隔壁的小董姐推门进来说："小强对象，开会了！"我恍然大悟，原来，实验小学有一种铃声叫作"急铃"，那是召唤实验人的集结号！

慢慢地，我发现实小的这些"姑""婆""叔""伯"们，他们有一个共同的特点，那就是特别爱实小这个家，爱家里的每一个人。爱国卫生运动大检查时，我亲眼看到李红军老师为了不让窗台上留下抹布的细毛，先把自己的手洗干净，然后再用湿润的双手擦遍教室里的每一个窗台；程淑华老师主动给六年级毕业生上心理健康教育课；当我想放弃参加省级学科带头人的选拔时，孙明珠大姐几次三番不厌其烦地做我的工作，是她给了我继续拼搏的勇气和力量！我还记得，我怀孕的时候，吃过张云娟张姐的酸杏，还有刘晓玲刘姐的咸菜……

莫言曾经说过："朋友或是情人，能走过三个月的，已不容易；能坚持六个月的，值得珍惜；能相守一年的，堪称奇迹；能熬过两年的，才叫知己；超过三年的，值得记忆；五年后还在的，应该请进生命里；十年后依然在的，那就不是朋友，已是亲人，是生命的一部分了。"

早莺争暖，春服当成，怡然实小，云淡风轻。不知从什么时候开始，我忘记了自己是实小的"媳妇"。二十载春秋，我在实小的大家庭里学会了分享、给予、谦让、包容、奉献……有人说我是成功的，但我最想说：相比成功，我更愿意选择成长！

于 2018 年元旦

自 传

（一）少年追梦篇

丙辰正月，东辽河畔，教育世家，有女初诞。
祖辈熏陶，耳濡目染，仿之效之，童年梦幻。
恩师春晖，铭记心间，少年怀志，情系师坛。
九载寒窗，一朝甘甜，金榜题名，如我所愿。
暑往寒来，勤学苦练，硬笔软笔，字里行间。
说弹书画，样样过关，豆蔻年华，追梦少年。
四年师范，弹指之间，三尺讲台，终得实现。

（二）初为人师篇

初为人师，风光无限，驰骋讲台，浮想联翩。
理想备课，实施却难，心中精灵，调皮捣蛋。
无精打采，纪律涣散，事与愿违，举步维艰。
虚心求教，真知灼见，原则规律，理论实践。
严慈相济，爱驻心田，丰厚积淀，左右逢源。
民主和谐，质疑解难，主体主导，兴趣盎然。
比赛观摩，一往无前，骨干能手，教育春天。

（三）专业提升篇

语数两栖，重担在肩，风格教学，再兴波澜。

简约课堂，妙语微点，加减乘除，空间平面。

诗词歌赋，篇章句段，全身皆动，一线来牵。

遣词造句，布局谋篇，源头活水，活动体验。

（四）名师成长篇

名师选拔，犹过五关，喜讯传来，泪水欢颜。

培训团队，人才高端，省内省外，收获丰满。

专家引领，拨云见天，互学互助，名师风范。

教研科研，一马当先，引领辐射，率先垂范。

名师之路，亦苦亦甜，不忘初心，方得圆满。

2017 年 2 月 19 日

后 记

  《连泉山下的教育梦》历经努力终于出炉了。拿到这本书，心中除了喜悦，还有几分忐忑。喜悦的是，它可以算作是我从教二十多年的一个里程碑，也是我真心为东辽教育交上的一份真实的答卷。忐忑的是，书中所呈现的某些教育观点、实践经验尚不成熟，所以，没有勇气相送他人，更不敢妄想惠及他人。但是，在撰写、修改、整理书稿的过程当中，我有了新的成长，我重温了自己的教育梦想，重走了一回曾经的教育之路。与其说是著书，不如说是一次彻彻底底的总结与反思。总结是我继续成长的力量，在总结中，我看到了自己情系教育的初心，甘于奉献教育的忠心，坚守教育的恒心；我看到了自己曾经的青涩，温习了教育之路上的辛苦历程，体会到了身为人师的幸福！反思是我努力前行的车轮，在反思中，我的教育教学思路渐渐清晰，我看到了新希望。古代思想家荀子说："不积跬步无以至千里；不积小流无以成江海。"今天把往日之教育教学的点点滴滴重新拾起，做以梳理，加以沉淀，只为在未来的教育之路上走得更加从容。我梦想，经过我的努力，有一天，今日的有字之书能变成明日的无字之书。

我深知自己的成长得益于东辽教育的滋养，得益于领导的培养，专家的引领，团队的帮助。感谢东辽县教育局为我们名师开辟一方朗空，让我自由飞翔；感谢东辽县实验小学这一块沃土，让我茁壮成长；我还要感谢所有帮助、支持过我的领导、同事和教育同行们以及对我一直充满信任的学生家长们，如果不是他们，就不会有当初的教育梦想，也不会有追逐梦想永不停歇的脚步，更不会有我鲜活的教育人生。

　　出书的过程中，我一次又一次感受到作为教育人的幸福。但由于本人水平有限，难免有不足之处，敬请各位领导、专家、教育同行批评指正，再次表示感谢。